新时代高校辅导员队伍建设研究

李源泉 著

苏州大学出版社

图书在版编目（CIP）数据

新时代高校辅导员队伍建设研究／李源泉著. — 苏州：苏州大学出版社，2023.9
ISBN 978-7-5672-3832-9

Ⅰ.①新… Ⅱ.①李… Ⅲ.①高等学校—辅导员—师资队伍建设—研究 Ⅳ.①G645.1

中国国家版本馆CIP数据核字（2023）第184598号

新时代高校辅导员队伍建设研究
XIN SHIDAI GAOXIAO FUDAOYUAN DUIWU JIANSHE YANJIU
李源泉　著
责任编辑　金莉莉

苏州大学出版社出版发行
（地址：苏州市十梓街1号　邮编：215006）
镇江文苑制版印刷有限责任公司印装
（地址：镇江市黄山南路18号润州花园6-1号　邮编：212000）

开本 718 mm×1 000 mm　1/16　印张 11　字数 205 千
2023年9月第1版　2023年9月第1次印刷
ISBN 978-7-5672-3832-9　定价：55.00元

若有印装错误，本社负责调换
苏州大学出版社营销部　电话：0512-67481020
苏州大学出版社网址　http：//www.sudapress.com
苏州大学出版社邮箱　sdcbs@suda.edu.cn

前言 PREFACE

高校思想政治教育既是对大学生进行思想引领、政治教导、心理疏导和道德品质引导的教育活动，也是促进学生内化思想道德素质、外化行为习惯的重要社会实践活动。辅导员队伍不仅是高校思想政治教育的主力军，也是高校学生日常思想政治教育和管理工作的组织者、实施者和指导者，在高校思想政治教育中具有独特的地位、角色定位与特殊作用。因此，持续加强辅导员队伍建设对于提高辅导员整体素质、确保辅导员队伍满足思想政治教育要求至关重要。经过多年来的实践与探索，我国高校辅导员队伍的建设进一步规范化，已取得了明显的成效，辅导员队伍整体素质和专业化水平不断提升。辅导员们全面贯彻党的教育方针，在一系列重大时刻、关键节点、重要事件中，始终以饱满的政治热情和充沛的精力投入工作，展现出良好的政治素质、工作作风、精神风貌和业务能力，成为学生人生的引路者、青春的逐梦人，成为让党放心、受学生欢迎的育人骨干和中坚力量。当前我国正处于全面建设社会主义现代化国家、向第二个百年奋斗目标进军、全面推进民族复兴的关键时期，对新时代高校辅导员队伍及其建设提出了更高的目标与要求。面对新时代的发展任务和发展环境，我们更要全面、系统地认识与思考辅导员队伍建设，全力解决辅导员队伍建设过程中的各类突出问题，大幅度提升辅导员队伍的综合素质，推动辅导员队伍建设的高质量发展，着力打造一支高素质、专业化、职业化辅导员队伍。

本书坚持以马克思主义为指导思想，坚持以习近平新时代中国特色社会主义思想这一马克思主义中国化最新理论成果武装头脑、指导实践，以习近平总书记关于教育的重要论述特别是关于教师队伍建设的重要指示作为依据，以《普通高等学校辅导员队伍建设规定》等一系列制度文件作为政策支撑，系统、深入地论述新时代高校辅导员及辅导员队伍的内涵、特征、功能与辅导员队伍建设的目标、内容和必要性，全面阐述包括马克思主义经典作家的相关理论、中国共产党人对教师队伍建设的有关理论及其他相关理论等在内的理论知识。通过梳理、分析建党百年以来高校辅导员队伍建设的相关文献和资料，系统回顾辅导员队伍建设的发展历程，深入总结辅导员队伍建设已有的成效和取得的实践经验，为新时代高校辅导员队伍建设提供重要启示。本书对新时代高校辅导员队伍建设所面临的新要求、所处的新方位、所面对的新机遇、所处的新环境进行了全面剖析，分析新时代高校辅导员队伍建设存在的问题，进一步把握制约辅导员队伍建设成效及进展的影响因素并分析其原因。在牢牢把握高校辅导员队伍建设的指导思想和基本原则的基础上，分别从辅导员、家庭、高校、政府和社会五个维度来探析辅导员队伍建设的对策路径。

本书在一定程度上既丰富了辅导员队伍建设理论、思想政治教育理论，又满足了广大高校思想政治教育工作者的实际需要，对与辅导员队伍建设相关的各级政府、高校等也具有一定的参考价值。由于作者的水平有限，书中难免有疏漏和不妥之处，恳请广大读者批评指正。本书借鉴和吸收了前辈研究的成果，在此向所有专家和学者表示感谢。

目录

绪论 ……………………………………………………………… 1
 一、研究背景和意义 ………………………………………… 3
 二、文献综述 ………………………………………………… 6
 三、研究思路及方法 ………………………………………… 18
 四、研究重点及难点 ………………………………………… 20

第一章　新时代高校辅导员队伍建设的概念界定 ……………… 23
 一、基本概念 ………………………………………………… 25
 二、新时代高校辅导员队伍的特征 ………………………… 29
 三、新时代高校辅导员队伍的功能 ………………………… 32
 四、新时代高校辅导员队伍建设的目标 …………………… 33
 五、新时代高校辅导员队伍建设的内容 …………………… 37
 六、新时代高校辅导员队伍建设的必要性 ………………… 41

第二章　新时代高校辅导员队伍建设的理论基础 ……………… 47
 一、马克思主义经典作家的相关理论 ……………………… 49
 二、中国共产党人对教师队伍建设理论的创新发展 ……… 53
 三、相关理论对高校辅导员队伍建设的借鉴价值和启发意义 …… 57

第三章　新时代高校辅导员队伍建设的历史考察 ……………… 59
 一、高校辅导员队伍建设的发展历程 ……………………… 61
 二、高校辅导员队伍建设的已有成效 ……………………… 80
 三、高校辅导员队伍建设的实践经验 ……………………… 89

第四章　新时代高校辅导员队伍建设的时代境遇 …… 95
一、新时代高校辅导员队伍建设的新要求 …… 97
二、新时代高校辅导员队伍建设的新方位 …… 101
三、新时代高校辅导员队伍建设的新机遇 …… 105
四、新时代高校辅导员队伍建设的新环境 …… 110

第五章　新时代高校辅导员队伍建设存在的问题及其原因 …… 119
一、新时代高校辅导员队伍建设存在的问题 …… 121
二、新时代高校辅导员队伍建设存在问题的原因分析 …… 129

第六章　新时代高校辅导员队伍建设的实践策略 …… 133
一、新时代高校辅导员队伍建设的指导思想 …… 135
二、新时代高校辅导员队伍建设的基本原则 …… 140
三、新时代高校辅导员队伍建设的路径选择 …… 144

参考文献 …… 163

绪　论

辅导员队伍是高校思想政治工作队伍中的一支专门力量，他们是来自大学生思想政治教育工作一线的教师，担负着高校思想政治教育的重要任务。自辅导员制度诞生以来，这支队伍继承和发扬着党的思想政治工作的光荣传统，始终恪守正道，为高等教育事业的发展做出了重要的贡献。进入新时代，高校辅导员队伍整体面貌发生了重大变化，辅导员队伍建设取得了历史性成就，但面对新方位、新形势、新要求，也存在一些制约思想政治教育有效提升的突出性与关键性问题。唯有解决这些问题并补齐相应短板，才能不断提高辅导员队伍的凝聚力和战斗力，才能激发这支队伍的热情与创新活力。进入新时代，高校辅导员队伍肩负着时代重任，在以习近平同志为核心的党中央的领导下，应把握发展大势，顺应时代潮流，坚持与时俱进，为实现中华民族伟大复兴和培养合格的建设者和可靠的接班人贡献一份力量。

一、研究背景和意义

加强高校辅导员队伍建设研究，既是全面提升辅导员队伍综合素质的需要，也是提高高校思想政治教育有效性的需要。由于新时代对高校辅导员队伍提出了新要求、新期望和新使命，开展新时代高校辅导员队伍建设研究具有重要的战略意义。

（一）研究背景

中华人民共和国成立以来，特别是改革开放以来，党和政府在高度重视发展教育的同时，一直高度重视辅导员队伍建设，先后出台了一系列政策文件并做出一系列重大决策部署，辅导员队伍建设取得了历史性成就，辅导员队伍整体面貌发生了重大变化，积累了大量具有中国特色的辅导员队伍建设经验。1980年，教育部、共青团中央印发的《关于加强高等学校学生思想政治工作的意见》明确强调，加强学生的思想政治工作，必须建立一支坚强的、有战斗力的政治工作队伍。不仅专职、兼职的政工干部要做思想政治工作，业务课教师也要做思想政治工作，特别要注意发挥马列主义理论课教师和各科骨干教师的作用。该文件要求高校要立足高校思想政治教育的实际和全局，着力培养又红又专、全面发展、政治方向正确和具有为人民服务思想的专门人才。进入21世纪，党和政府陆续出台了一系列支持高校辅导员队伍建设的相关政策。2004年，中共中央、国务院发出了《关于进一步加强和改进大学生思想政治教育的意见》。该文件明确指出，思想政治教育工作队伍是加强和改进大学生思想政治教育的组织保证……完善大学生思想政治教育工作队伍的选拔、培养和管理机制。按照政治强、业务精、纪律严、作风正的要求，坚持专兼结合的原则，研究和制定加强高校思想政治教育工作队伍建设的具体意见，吸引更多的优秀教师从事学生思想政治教育工作。文件将加强大学生思想政治教育作为一项重大而紧迫的战略任务，全面推进思想政治工作队伍建设。

新时代以来，以习近平同志为核心的党中央高瞻远瞩，运筹帷幄，把握大势，把教师工作提升到前所未有的政治高度，把教师队伍建设作为重要的基础性工程来抓。2016年，习近平总书记在全国高校思想政治工作会议上强调，要加强师德师风建设，坚持教书和育人相统一，坚持言传和身教相统一，坚持潜心问道和关注社会相统一，坚持学术自由和学术规范相统一，引导广大教师以德立身、以德立学、以德施教。习近平总书记对包括辅导员队伍在内的思想政治工作队伍提出了新要求。习近平总书记还高度肯定了思想政治工作队伍的杰出贡献。他指出："长期以来，高校思想政治工作队伍兢兢业业、甘于奉献、奋发有为，为高等教育事业发展作出了重要贡献。"[1] 要整体推进思想政治工作队伍建设，以保证这支队伍后继有人、源源不断。习近平总书记的重要讲话在全国教育战线引发了热烈反响，就如何高质量推进思想政治工作队伍建设展开研讨并推动队伍建设深入开展，思想政治工作队伍不断配齐配强，辅导员数量大幅增加，专业水平和职业能力明显提升。2017年，中共教育部党组印发的《高校思想政治工作质量提升工程实施纲要》明确规定，要构建课程、科研、实践、文化、网络、心理、管理、服务、资助、组织"十大"育人体系。通过完善教师评聘和考核机制、加强专门力量建设、大力培育领军人才、加大培养培训力度和强化项目支持引领等方法来推动思想政治工作队伍建设。2018年，习近平总书记在全国教育大会上发表了重要讲话并强调，将坚持把教师队伍建设作为基础工作当作教育改革发展一系列新理念、新思想、新观点之一，要始终坚持并不断丰富发展这些我国教育事业的规律性认识。同时，他还指出，建设社会主义现代化强国，对教师队伍建设提出新的更高要求，也对全党全社会尊师重教提出新的更高要求。2018年，中共中央、国务院印发《关于全面深化新时代教师队伍建设改革的意见》，这是中华人民共和国成立以来党中央出台的第一个专门面向教师队伍建设的里程碑式政策文件，

---

[1] 习近平：把思想政治工作贯穿教育教学全过程 开创我国高等教育事业发展新局面 [EB/OL]. (2016-12-09) [2023-07-20]. http://jhsjk.people.cn/article/28936173.

是指引新时代教师队伍建设的行动指南，是凝心聚力推进教师制度改革的集结号。该意见是深入贯彻落实习近平总书记关于教育的重要论述和关于教师队伍建设的系列重要指示，是批示精神的重要体现，从师德建设、培养培训、管理改革、教师待遇、保障措施等方面提出了一系列建设高素质教师队伍的政策举措，对新时代辅导员队伍建设做出了顶层设计，也为新时代辅导员队伍建设改革指明了前进的方向。2020年，教育部等八部门发布《关于加快构建高校思想政治工作体系的意见》，从理论武装、学科教学、日常教育、管理服务、安全稳定、队伍建设、评估督导七个方面来加快构建目标明确、内容完善、标准健全、运行科学、保障有力、成效显著的高校思想政治工作体系；就队伍建设方面来说，要完善高校专职辅导员职业发展体系，建立职级、职称"双线"晋升机制，打造高素质思想政治工作队伍。

因此，面对新时代以来的新目标任务和发展环境，我们更要全面、系统地认识与思考辅导员队伍建设。比如，各项辅导员队伍建设政策是否得以贯彻落实？当前高校辅导员建设现状及其成效如何？辅导员自身对于辅导员队伍建设的认知与协同配合程度如何？如何提高辅导员的整体素质？如何确保现有辅导员队伍能够适应新时代社会发展对于高校人才培养的要求？当前辅导员队伍实践探索是否符合新时代的新要求？这些均是新时代高校辅导员队伍建设所迫切需要解决的现实问题。在这样的背景之下，开展新时代高校辅导员队伍建设研究具有十分重要的现实意义。

（二）研究意义

思想政治教育是高校育人工作的重要组成部分，辅导员扮演着非常重要的角色。辅导员作为健康成长的高校大学生的指导者和陪伴者，在高校育人工作中发挥着重要的作用。高校要充分认识加强辅导员队伍建设的重大意义，把这支队伍建设作为教师队伍建设的重要内容，不断提升辅导员业务能力和水平，着力打造一支高素质、专业化、职业化的辅导员队伍。因此，加强高校辅导员队伍建设的研究，对于进一步提升辅导员综合素质、做好各项学生工作和促进高校可持续发展具有重要的理论与现实意义。

首先，这是新时代培养高素质社会主义建设者和接班人的必然之需。培养社会主义事业的建设者和接班人是高校思想政治教育的根本目标，高校辅导员队伍整体素质和能力的高低直接关系到这一根本目标能否实现和实现程度。培养全面发展的中国特色社会主义事业建设者和接班人，需要高素质与能力强的辅导员作为条件保障。因此，有必要开展此项研究，提高高校辅导员队伍的综合素质和工作能力，实现培养高素质的社会主义事业的建设者和接班人这一目标。

其次，这是新时代高校辅导员队伍素质和工作能力提升的内在需要。高校辅导员作为高校思想政治教育的骨干力量，只有具备较高的综合素质与工作能力，才能高质量完成日常思想政治工作和学生管理工作。一旦缺乏相应的综合素质和工作能力，辅导员的作用将无法得到发挥。当前部分高校辅导员依然存在职业道德缺失、业务经验和专业知识匮乏等不足之处，这些问题既是影响高校辅导员队伍综合素质提升的重要因素，也是制约高校思想政治教育有效性的重要方面。因此，开展此项研究，有助于辅导员队伍素质和工作能力的整体提升。

再次，这是新时代高校思想政治教育有效性提升的现实需要。包括思想政治教育等在内的高校工作，归根结底，都是为培养人才服务的。思想政治教育在高校人才培养中居于首要地位，必须将其摆在首要位置并贯穿高校育人全过程，引导学生在成长过程中树立正确的人生观和价值观。高校辅导员作为大学生思想政治教育和日常管理工作的组织者、实施者和指导者，其整体素质在很大程度上决定着思想政治教育的有效性。当前高校思想政治教育效果欠佳，辅导员队伍存在诸如队伍不稳定性、角色定位不清、人员结构不合理、队伍专业化程度低、职责不够明确、职业能力不足、激励机制不完善、社会认同度不高等方面的短板。因此，开展此项研究，有助于分析辅导员队伍存在的客观问题，促进思想政治教育有效性提升。

最后，这是新时代思想政治教育学科建设的需要。思想政治教育学科具有鲜明的实践特征，推进思想政治教育学科建设，需要紧贴实际，在实践中发现、聚焦、解决重大理论和现实问题，培育学科研究队伍，丰富学科研究内容，创新学科研究体系，提高学科研究水平，为推进思想政治教育实践创新提供科学的理论支撑。高校辅导员作为思想政治教育的主体之一，也是思想政治教育的基本要素。高校辅导员队伍建设既是思想政治教育实践的组成部分，也是思想政治教育理论研究的重点领域。因此，开展此项研究，找出高校辅导员队伍存在的现实问题并逐步解决，从而揭示出高校辅导员队伍建设的基本规律并加以归纳与总结，丰富和发展思想政治教育理论，进一步发展思想政治教育学科。

二、文献综述

加强高校辅导员队伍建设是培养高素质人才、提升辅导员自身素质和能力、增强辅导员队伍整体凝聚力和战斗力的必经之路，高校辅导员队伍建设研究更是成为学术界研究的重点领域。对国内外学者对这一领域的研究成果进行梳理和归纳，有助于拓宽研究视野、指明研究方向。

(一) 国内研究现状

国内学术界对有关高校辅导员队伍建设及教师队伍建设的研究由来已久，并形成了大量的理论和实证研究成果。现通过基于文献计量学视角对改革开放以来高校辅导员队伍建设情况探析概况和高校辅导员队伍建设研究总体情况分两个部分来阐述。

1. 基于文献计量学视角对改革开放以来高校辅导员队伍建设情况探析概况

(1) 研究方法。

首先，采集数据。本书采集的数据来源于中国知网（CNKI）。其次，筛选数据。为了确保本书的科学性和有效性，剔除了会议综述、成果展示、专家访谈等非学术类数据信息。最后，将有效信息下载和汇总。

(2) 研究工具。

本研究主要运用 Excel 软件进行分析。通过综合运用这一技术手段，全面、直观地揭示和展现改革开放以来高校辅导员队伍领域研究的前沿热点、演变逻辑并预测未来的发展趋势。

(3) 文献整体计量分析。

① 论文数量。本书以年份为时间轴，对改革开放以来期刊论文和硕博论文数量进行汇总（图0-1），数量总体上呈现出波动起伏态势。按照期刊论文和硕博论文数量的变化规律，笔者将改革开放以来至今划分为三个阶段：第一阶段，起步发展期（1979—1999年），论文数量共36篇，占总样本量（4 189篇）的约0.86%，论文数量保持低位走势，辅导员队伍建设尚处于恢复与发展时期。第二阶段，跨越发展期（2000—2011年），论文数量共1 928篇，占总样本量的约46.03%，辅导员队伍建设研究呈现出井喷式发展态势。第三阶段，深入发展期（2012—2023年），论文数量共2 225篇（2023年统计数据不全），占总样本量的约53.12%。

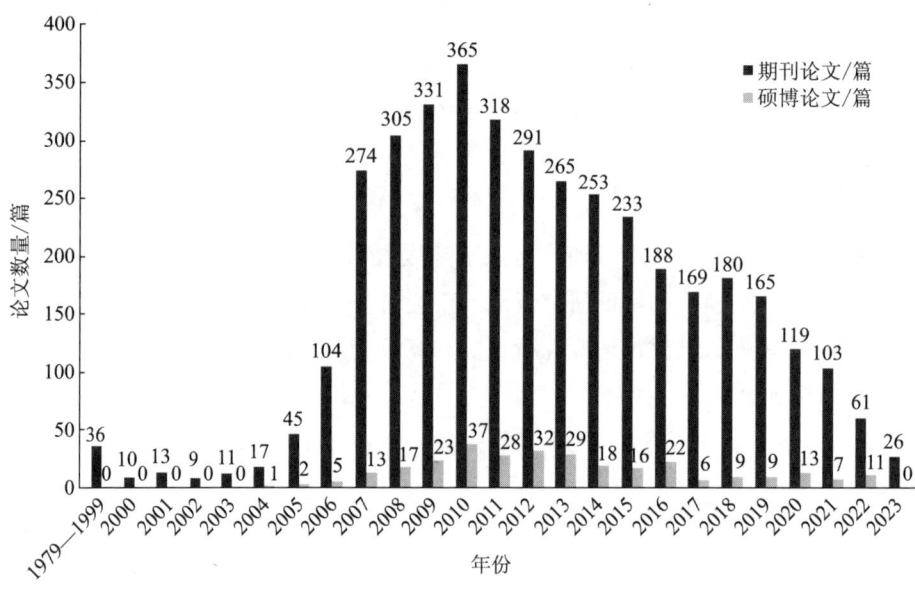

图 0-1　期刊论文和硕博论文数量

② 论文的被下载和被引用数量。论文的被下载和被引用数量与论文主题内容热度密不可分并呈正相关，被下载数量越多和被引用频次越高，在某种程度上充分体现了主题内容正成为学术界聚焦的热点。借助 Excel 软件对相关样本进行二次分析，总样本（含期刊论文、硕博论文）总共被引用 25 238 次、被下载 986 507 次；可见，有关辅导员队伍建设研究正受到广大学术界的广泛关注。

其一，论文被下载情况（图 0-2）。期刊论文被下载 798 331 次，占期刊论文和硕博论文总被下载次数的 80.93%；硕博论文被下载 188 176 次，占期刊论文和硕博论文总被下载次数的 19.07%。（图 0-2）

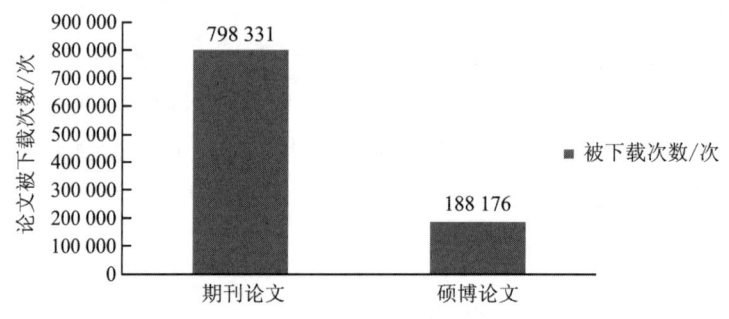

图 0-2　论文被下载情况图

其二，论文被引用情况。期刊论文被引用 22 257 次，占期刊论文和硕博论文总被引用次数的 88.19%；硕博论文被引用 2 981 次，占期刊论文和硕博论文总被引用次数的 11.81%。（图 0-3）

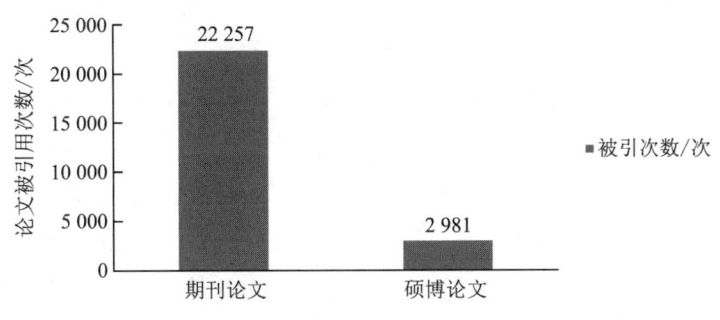

图 0-3　论文被引用情况图

2. 高校辅导员队伍建设研究总体情况

（1）基于新时代背景对高校辅导员队伍建设开展研究。

新时代高校辅导员队伍建设面临新的背景、时代内涵、时代要求，辅导员队伍建设要紧紧围绕新时代对高校辅导员工作的各个新要求，从不同方面加以推动，确保队伍建设的顺利开展。冯刚与刘宏达合著的《新时代高校辅导员工作十讲》，分别从高校辅导员队伍制度的发端与历史、辅导员角色定位、辅导员工作的思想价值、管理服务、网络思政工作、文化培育工作、对象把握、危机事件应对、质量评价等方面来开展研究，系统梳理了高校辅导员工作的理论与实践，有助于推动高校辅导员队伍的职业化、专业化建设。在创建学习型社会和马克思主义学习型政党的时代背景下，建设新时代高校学习型辅导员队伍至关重要、迫在眉睫。基于高校辅导员的职业价值视角，黄洁在《新时代高校学习型辅导员队伍建设研究》一书中，分别从高校学习型辅导员的概念、特性和高校学习型辅导员队伍建设的思想渊源、理论基础、体系建构、思想理论及实现路径方面进行阐述，扩大了高校辅导员队伍的后续发展空间。此外，还有学者从以下视角展开研究。第一，基于高校辅导员队伍建设路径视角。针对当前高校辅导员队伍存在数量不足、角色定位模糊、专业能力欠缺、培训内容单一、队伍流动性大等问题，朱志梅和王雨茜认为，要积极探索有效的发展路径，对辅导员角色赋予正确的认知，提高高校辅导员队伍的整体素质，建立健全相关机制，促进高校辅导员队伍的长期稳定发展。通过回顾 70 多年来高校辅导员队伍建设的发展历程并归纳实践经验，左辉与王涛认为，要从保证政策、稳定队伍和提升素质三个方面探寻新时代高校辅导员队伍建设的路径，扎实推进高校辅导员队伍建设。第二，基于高校辅导员队伍建设专业化、专家化视角。推动辅导员的职业化、专业化、专家化，既是辅导员职业生涯发展的必由之路，也是高校辅导员队伍建设的必然趋势。当前辅导员队伍专业化、专家化也面临着不少困境，蒋立峰认为，要通过发展路径设计、建立评价标准、构建保障体系、强化政策引导、探索建立辅导员卓越体系等来推进高校辅导员专业化、专家化建设的持续发展。焦佳认为，要明晰专业化发展内涵，构建立体、多元发展通道，科学分工，探索阶梯式、专科化的工作模式，建立分级、分类、分层次的专业化培训体系，进一步推动高校辅导员队伍的专业化发展。在分析高校辅导员队伍专业化发展的现状、困境和矛盾之后，王显芳等学者认为要通过构建辅导员专业学科理论体系、完善专业能力培养体系、稳固辅导员队伍人员结构和数量等路径来保障高校辅导员队伍专业化建设持续推进。同时，也有其他学者提出了各自的观点。比如，盛春认为，通过打造梯队式辅导员职业共同体，建立辅导员分层分类培养体系，构建辅导员多元化评价考核机制；周浩波等认为，通过价值指引、专业课程体系建设、职业素养和社会实践体系建设等几个方面来推动高校辅导员专业化建设。第三，基于高校辅导员队伍建设科学化角度。当前在高校辅导员队伍建设科学化过程中面临着育人工作强度大与职业回报认可低等多种矛盾，王显芳等认为，可以通过加快独立学科建设、稳定辅导员人事制度建设、强化辅导员育人能力建设来提升高校辅导员队伍建设的科学化水平。第四，基于构建胜任素质模型来开展研究。王传刚在《新时代高校辅导员队伍建设与能力提升研究：基于胜任素质模型》一书中围绕新时代高校辅导员队伍的目标及当前存在的主要问题，以辅导员胜任素质模型的构建为基本视角展开研究，重点从高校辅导员队伍建设的发展机制、支撑保障、队伍建设评价等方面进行研究，大大开拓了高校辅导员队伍建设的思路。

（2）基于高校辅导员队伍建设不同历史进程开展研究。

在新的历史起点上，回顾高校辅导员队伍建设的历史进程，深刻把握队伍建设的总体趋势，科学总结高校辅导员队伍建设的基本经验，对新时代进一步推动高校辅导员队伍建设具有重要意义。① 中华人民共和国成立以来辅导员队伍建设研究。毛清芸等学者将中华人民共和国成立以来的我国高校辅导员队伍发展历程划分为发轫与挫折时期（1949—1976年）、恢复与发展时期（1977—2003年）、改革与拓展时期（2004年至今）三个阶段，并强调要通过加强思想引领、实现专业化水平、丰富其职业内涵等来加强辅导员队伍建设。② 改革开放以来辅导员队伍建设研究。通过对全国 31 个省区市高校辅导员实证调研，柏杨在其著作《改革开放以来高校辅导员队伍建设研究》中分析了改革开放以来高校辅导员队伍建设的发展历程和经验启示，深挖高校辅导员队伍建设过程中存在的现实问题并提出了选拔、培养、发展、管理、支撑和评价六个方面的建设对策和措施。职业能力培养是高校辅导员队伍建设的重要组成部分，总结高校辅导员职业能力培养的历史经验，有助于揭示普遍规律并从中得出现实启示。费萍将改革开放以来高校辅导员职业能力培养发展历程划分为恢复发展阶段（1978—1983 年）、跨越发展阶段（1984—2003 年）、深入发展阶段（2004 年至今）三个阶段，呈现出鲜明的共性特征（重视学科建设、构建培训体系、完善保障机制）。叶绍灿等归纳总结了改革开放以来高校辅导员队伍建设的经验做法（党的高度重视、完善的政策体系、蓬勃发展的高等教育、科学的顶层设计），找出其存在的问题和不足，也得出了高校辅导员队伍建设的经验启示，对于科学把握高校辅导员队伍建设内在规律、不断提高辅导员的综合素质和专业水平具有一定的参考价值。另外，还有学者对改革开放以来辅导员队伍建设研究情况开展了研究。房玲认为，改革开放以来我国高校辅导员队伍建设研究取得了丰富的研究成果，研究热点主要集中在高校辅导员队伍建设的历史嬗变、建设过程中存在的问题及分析，以及如何实现辅导员队伍建设的路径分析等方面，对于新时代高校辅导员队伍建设及其研究具有重要的指导意义。③ 对"十三五"时期高校辅导员队伍建设开展研究。针对"十二五"后期高校辅导员队伍建设存在的问题，董淑琴认为要通过设置合理的结构、围绕目标任务、围绕我国高等教育改革发展趋势、围绕高校实际、围绕大学生特点等来对"十三五"时期高校辅导员队伍建设进行研究，为新时代高校辅导员队伍建设提供了参考。④ 对新时代前后十年的辅导员队伍建设开展研究。在总结新时代前后十年我国高校辅导员队伍建设成就的基础上，张瑞认为要把机制建设、激励示范、培训教育、科研实践、文化建设五个维度贯穿于高校辅导员队伍建设中，给当前辅导员队伍建设提供有益指导。

（3）对高校辅导员队伍理论与实践开展综合研究。

当前有众多学者对高校辅导员队伍建设的理论与实践进行综合研究，形成了很多有价值的研究成果。结合辅导员工作职责来阐述辅导员岗位工作的目标、任务与方法，王焕红在《高校辅导员的工作与专业化发展》中分析了包括价值引领、学风建设、职业成就评价等专题，不仅为辅导员工作提供了重要参考，也为辅导员队伍培训指引了方向。张再兴等在《高校辅导员队伍建设理论与实践》中着眼于辅导员全面素质的提高，分别对高校辅导员队伍建设的理论基础、建设发展及辅导员队伍的性质职能、工作价值、素质能力、协调配合、建设体制机制与模式等进行阐述，为辅导员队伍拓宽了建设思路。从高校辅导员队伍建设的历史与现状出发，朱正昌在《高校辅导员队伍建设研究》中对辅导员队伍建设的方向目标、辅导员的工作内容、业内发展机制、辅导员队伍建设的支撑体系等进行深入研究，分析队伍建设存在的问题并提出建议。张书明主编的《高校辅导员队伍建设》一大特色是将人力资源管理理论运用于高校辅导员队伍建设之中，在书中他分别对辅导员的角色定位、选聘、培训、考核与激励、工作理念的创新进行阐释，对于辅导员工作及队伍建设具有较强的实用性和指导性。对于高校辅导员队伍建设进行专题研究，白永生等在《新时期高校辅导员队伍建设的研究与思考》一书中对能力素质建设（如执行力、能力结构、领导力等）、文化建设（如团队文化等）、发展方向（如胜任力、立德树人等）等内容进行分析，对加强高校辅导员队伍建设具有较强的参考和借鉴作用。丘进等在《机制·创新·长效：高校辅导员队伍建设研究》中，对我国高校辅导员队伍建设的目标定位、选拔评价、政策理念、培养机制、职业化、考核评价六个方面进行了深入和系统的分析、归纳和综合研究，并进行了典型的个案研究，为我国高校辅导员队伍建设的理论研究和实践活动提供了一定的理论参考和实践对策。此外，还有诸多学者基于各自的视角展开综合研究。比如，池源的《新时期高校辅导员职业化发展的创新研究》（分析辅导员的角色定位与岗位特点、职业化理论基础、职业能力、工作内容、主要问题、交叉学科分析、绩效考核体系、职业化发展的机遇与挑战等），陈蕾等的《高校辅导员队伍建设与职业化发展》（分析辅导员工作内容、职业化、主要问题和路径建设、互联网背景下职业化发展建设现状和路径），张兴雪等的《"互联网+"时代高校辅导员队伍建设系统工程研究》（对"互联网+"时代辅导员的工作内容及其队伍建设的主要问题、内涵路径、科学管理、职业提升和考核评价等进行分析），渠东玲的《高校辅导员队伍建设与工作发展研究》（分析高校辅导员队伍建设取得的成就与存在的不足，探索队伍建设对策等），张晶的《高校辅导员工作实践与人才队伍建设研究》（分析高校辅导员工作的基本方法、必要能力和工作所依据的重要理论），翁铁慧的《高校辅导员队伍建设论纲》（分析高校辅导员队伍建设的必要性、机遇和挑战等），杨玲的《新时期高校辅导员工作与队伍建设研究》（从辅导员的新生入学等基本工作来探讨高校辅导员队伍建设）等。这些成果既从理论层面丰富和发展了高校辅导员队伍建设的相关理论，又从实践层面为队伍建设的具体工作提供了科学的依据，进一步推动了高校辅导员队伍建设的高质量发展。

（4）对高校辅导员制度开展研究。

我国高校辅导员制度走过了不同寻常的发展道路。通过探究中华人民共和国成立以来我国高校辅导员制度的发展历程，归纳总结出我国高校辅导员制度的演化规律，对于新时代高校辅导员队伍的建设有重要的指导意义。高校辅导员制度的研究，是不少学者聚焦的重点领域。比如，张立兴将高校辅导员制度划分为孕育（1949—1955年）、确立（1956—1965年）、破坏（1966—1976年）、恢复（1977—1988年）、加强（1989—2000年）、完善（2001年至今）等阶段，总结其历史沿革与经验启示，对创新辅导员队伍建设机制具有重要的指导意义。陈翠荣等梳理了我国高校辅导员制度的变迁历程确立阶段（1949—1965年）、低潮阶段（1966—1976年）、恢复阶段（1977—1984年）、改革阶段（1985—1999年）、发展阶段（2000年至今），探讨高校辅导员制度建设取得的主要成绩与存在的不足，并对新时期高校辅导员制度的发展进行了展望。王道阳认为，我国高校政治辅导员制度，是在继承根据地创办的中国人民抗日军事政治大学中设立的政治指导员制度，借鉴苏联经验的基础上逐渐建立起来的，其产生和确立大致经历"萌芽（1952年及之前）、确立（1952—1965年）、低潮（1966—1977年）和发展（1978年及之后）"四个阶段。这为深入认识和了解我国高校辅导员制度提供了新视角，也拓宽了新时代高校辅导员队伍建设思路。此外，还有学者对我国高校辅导员制度建设展开了研究。比如，伴随着党的长期革命与建设历程，我国高校辅导员队伍建设取得了重大成就，也形成了一些基本经验。我们需要系统归纳总结高校辅导员队伍建设的经验和做法，积极、及时地回应高校辅导员队伍建设中的新情况、新问题。刘宏达认为，要围绕"为什么建设辅导员队伍？""建设什么样的辅导员队伍？""如何建设辅导员队伍？"等问题，通过坚定政治方向、提升专业水平、增强职业能力、促进特色发展的多维路径来进一步建设具有中国特色的高校辅导员制度。

（5）对高校辅导员职业能力方面开展研究。

高校辅导员的基本素养和职业能力直接影响着高校人才培养的质量与水平，加强辅导员职业技能水平是落实以人为本的必然要求。了解辅导职业能力的构成，掌握辅导员职业能力的培养途径，既有助于增强辅导员的职业能力，也有助于提升辅导员队伍建设的成效。苏亚杰认为，辅导员职业能力的支撑要素包括情意要素、知识要素和技能要素。新时代对高校辅导员职业能力提出了新要求，大力提升辅导员职业能力，既有助于增强辅导员整体素质，也有助于提升辅导员队伍建设成效。在对15所高职院校的1 062名辅导员进行问卷和访谈调查的基础上，曾亚纯从国家政策、学校、学院、个体等维度探讨了影响辅导员职业能力的主要因素，并对辅导员职业认同的中介效应和影响路径进行了分析，从学校政策支持、学院组织环境营造、个体能力提升等方面提出了提升辅导员职业能力的建议。刘洪超以高校辅导员职业能力建设的实践需求和实际问题为导向，梳理高校辅导员职业的发展历程，剖析当前高校辅导员职业能力建设的现状、问题及其深层原因，提出了诸如建设保障系统、建立生涯规划系统、促进职业认同系统、强化学习培训系统等完善高校辅导员职业能力的建议。另外，还有学者从其他角度来研究高校辅导员职业能力问题。比如，农春仕认为，通过树立正确的思想观念、完善培训激励机制、强化实践过程，可将工匠精神融入高校辅导员职业能力提升过程，培育辅导员的工匠情怀，锤炼辅导员的工匠品质；刘皓以生态位理论模型为视角来探究限制辅导员发展的原因，从生态位重叠与分离两个方面分析，提出从价值、知识、信息、能力四个方面加强拓展辅导员职业能力；余钦从舒尔茨人力资本理论角度，分别从政府投入、在职培训、科研能力提升、增强职业归属感等方面来探讨推动高校辅导员职业能力建设；武彦斌认为，优化和提升辅导体验，需要辅导员在日常工作中注重把握辅导的主动性与被动性、时间性与空间性、个体性与群体性、价值性与工具性及过程性与结果性等关系，将辅导体验作为探讨高校辅导员职业能力提升问题的一个视角和理论工具。

（6）对特定类型和区域高校辅导员队伍建设开展研究。

当前部分学者对自身所处特定性质、类型、区域等高校的辅导员建设情况开展了研究，有力地推动了特定高校育人工作的顺利开展。一方面，对民办高校辅导员队伍建设开展研究。民办高等教育作为高等教育的重要组成部分，在增强高等教育功能、培养人才方面发挥着重要作用，民办高校辅导员队伍建设也是民办高等教育高质量发展的有机组成部分。为了推动民办高校辅导员队伍建设，加强辅导员专业能力和综合素质，黄至莉运用马斯洛需求层次理论和赫茨伯格的激励-保健理论，研究并分析了民办高校辅导员队伍建设目前存在的问题（专业化程度偏低，队伍结构不科学，队伍的稳定性不强，缺乏合理的激励机制），提出了相关建议（如加强构建队伍建设政策体系，科学规划职业生涯，健全激励制度，等等），对于推动高校辅导员队伍建设驶入健康轨道有着十分重要的参考价值。程庆艳选择5所民办院校作为研究对象，对辅导员群体的内在特质问题进行问卷调查，深入剖析、归纳民办院校优秀辅导员的内在特质（价值取向、情感特征、工作态度、工作能力），探究其内在特质形成的规律，提出培育民办院校辅导员内在优秀特质的建议，为高校辅导员队伍的建设提供了参考。另一方面，对特定区域高校辅导员队伍建设研究。这是选取特定的省市高校辅导员队伍建设情况开展研究，从中获取高校辅导员队伍建设的规律性、普遍性的做法。马玉玲选取河北省10所应用型本科院校作为研究对象，通过调查问卷等形式系统研究河北省应用型本科院校辅导员队伍建设现状，发现存在如辅导员人员数量配备不足等问题，提出高度重视思想、狠抓落实制度、明确岗位职责、强化培养机制、完善培养体系、健全考核机制及拓展发展平台等策略。胡蕾对昆明市的三所独立学院辅导员激励机制方面开展了调研，提出了颇有针对性的改进方案。此外，还有学者从其他方面展开研究。比如，刘文钦立足理工院校现实，对当前理工类院校辅导员队伍建设现状做出科学的分析，并提出如提高建设重要性认识、完善各种机制、提高素质能力等策略。潘瑜从民族院校辅导员队伍建设存在的问题出发，分析其原因，提出加强民族院校辅导员队伍建设的对策。这些研究成果成为新时代高校辅导员建设的有益补充。

（7）基于其他视角对高校辅导员队伍建设展开研究。

除以上几个相对比较集中的研究视角之外，国内还有一些具有代表性的研究视角，有助于拓宽新时代辅导员队伍的建设思路和研究视野。主要体现在以下几个方面：其一，基于民办高校与公办高校比较的视角。何天雄从政府、学校、辅导员三个层面提出对策来加强民办高校辅导员队伍建设。其二，基于"三全育人"视角。曹海燕等认为"三全育人"视域下建构高校辅导员核心素养体系存在诸如核心素养体系的建设不系统、职业能力发展制度不完备、高质量的"三全育人"培育机制未成型等现实挑战，需要通过建构完备的核心素养体系、探索建构科学有效的职业能力发展制度、建设高质量的核心素养培育机制等来培育高校辅导员核心素养体系。其三，基于自由时间的视角。自由时间为高校辅导员获得自由而全面的发展提供了广阔的发展空间，也是针对高校思想政治教育新任务、新变化的务实之举。方楠认为，当前高校辅导员自由时间呈现出这样一些现象，如劳动时间与生活空间互渗导致边界模糊，物质愉悦与生涯成就疏离导致职业倦怠，时间重组与圈群闭环错位导致价值泛化，等等。这就需要从优化机制等方面协同发力。其四，基于专业社会化角度。赵玉鹏等认为，辅导员的显性技能社会化和隐性角色社会化通过明确角色定位、提升职业技能、促进角色融入等路径，在学习实践、内化整合、深化创造三个时间阶段动态提升。

(二) 国外研究现状

高校辅导员制度作为中国特色社会主义制度的重要组成部分，是马克思主义基本原理同中国具体实际相结合的一个创新。辅导员是高校教师队伍和管理队伍的构成部分，具有教师和干部的双重身份；在世界上的许多国家（或地区），将从事高校学生事务管理的专业人员称为学生事务管理者，其职业定位、工作职责、职业属性、工作范围等大致上可以比照我国高校辅导员，但也有差异。我国高校辅导员队伍建设既要立足于中国特殊国情，探索适合自身建设之路，也要学习和借鉴西方发达国家（或地区）的有益经验来拓展建设思路。通过分析国内外研究者对学生事务管理队伍建设方面的研究成果，在坚持"以我为主、为我所用、取其精华、弃其糟粕"原则的基础上，融会贯通，推动我国高校辅导员队伍建设。

针对不同的学生事务管理岗位，学者大卫·华纳指出，英国高校对于从业人员有着严格的专业门槛，以确保学生事务管理者能够胜任工作；比如，心理咨询师通常拥有心理学或教育学博士学位，就业指导老师除了专业的学历背景，还应具有人力资源管理、决策和风险管理等技能。针对职前培训和岗位培训方面，学者汤姆·德尔沃思和荷莉·汉森认为，学生事务博士课程的核心应该是培养一种研究能力，以及能够准确地理解和把握学生事务中的职能定位。这些职能定位应该包括行政事务管理者、咨询者、学生发展教育者及校园生态系统的管理者。针对学生事务综合能力培养，学者达勒·贝蒂和路易斯·斯塔马塔科斯还提出了理论能力、学术能力、功能能力、转化能力、环境能力及人际关系能力六个方面的能力要求，对学生事务人员进行专业训练。也有学者认为，要推行教研和科研相结合，促进学生事务管理者专业化发展。学生事务管理人员仅仅作为优秀的管理者和服务者是远远不够的，还要将学生事务作为学术事宜的有益补充，每个学生事务管理人员也应该是名学术工作者。此外，以美国威斯康星大学史蒂文斯·波因特分校为例，学者杰弗里·韦普尔指出，高校学生事务管理者既要接受正规、系统的课程教育，也要结合实际工作岗位来开展有针对性的培训；比如，针对宿舍管理和学生管理人员的情境性专业培训、学生突发情况演练等。专业标准作为学生事务管理人员开展工作的重要指南，也成为广大学者研究的重点领域。为此，学者詹姆斯·摩尔提出了五条标准：视职业为一项崇高使命，需要特殊的且可持续发展的教育培训，以服务为导向，实践中拥有较高的自治程度，从业人员拥有自己的专业组织。美国学生人事管理者协会基于这些标准，制定了包括专业服务、与学校的发展任务和目标一致、有效管理学校资源、保持良好人际关系、协调好利益冲突、拥有合法和合理的自治权、平等对待其他师生员工等在内的美国高校学生事务管理专业化的细化标准。这些专业标准有力地推动了高校学生事务管理者具体工作的进行。同时，为了促进高校学生事务管理者的发展和强化学生事务管理者的队伍建设，美国成立学校学生事务管理者协会，并向所有的学校学生事务管理者提供专业发展机会，及时提供相关信息，对学生事务管理者开展诸如学术研究指导、心理咨询培训、管理能力培训等方面的指导，促进其综合素养的提升。此外，美国还制定诸如《学生事务管理专业化的道德规范》等一系列学生事务纲领性文件，以各种职业准则、道德规范来促进学生事务管理者的专业发展和自我提升，有力地推动学生事务管理队伍建设。因此，在过去的20年间，学生事务的专业人士把更多的注意力放到了学生学习的发展性指导方面，越来越多的研究者开始将研究重点聚焦在学生事务的管理上，促进了学生事务管理者工作更为科学、规范和高效。

（三）国内外研究述评

国内外学者围绕高校辅导员队伍建设或学生事务管理者建设这一主题，从不同侧面、不同角度进行了全方位、多角度、多层次的系统研究，促进了我国思想政治教育理论的丰富与发展，推动了新时代高校辅导员队伍的建设。当前，高校辅导员队伍建设研究取得了丰硕的成果，主要表现出以下几点。一是研究目的更为明确，实现了以研促提升、以研促发展；二是研究范围更为确定，就这一主题做系统和深入的研究；三是研究成果的数量较多，种类较丰富，取得了丰富的理论与实践成果；四是研究视角更为广阔，研究方法更为恰当；五是研究内容不再停留于表面，而是更为具体、明确；六是研究过程更为科学、严谨，更为完整。

新时代以来，我国高等教育从追求数量的外延式发展阶段，进入聚焦高质量的内涵式发展阶段。教师作为教育发展的第一资源，是推动教育发展的第一动力。只有打造一支新时代高质量的教师队伍，才能为构建高质量教育体系、建设教育强国、建成社会主义现代化强国提供坚实的支撑。不可否认，与上述要求相比，我国高校辅导员队伍建设任重道远，目前依然存在较大差距和不足。第一，研究成果多集中于单一维度，偏重传统研究议题，学科的、跨界的深度交叉融合的研究成果相对较少。传统的高校辅导员队伍建设研究多偏重队伍的发展与培训、管理与考核等几个方面，而如今辅导员还须具备马克思主义理论、心理学、管理学、伦理学、法学等多学科的知识。第二，宏观问题研究多被研究者所关注，微观分析个案研究相对较少。高校辅导员队伍建设涉及高等教育的方方面面，包括部门、人员、制度、体系等领域，研究者多以高校作为研究对象，并从宏观上来开展研究，而以某个微观领域（如招聘、培训、管理等）作为研究对象的较为少见。针对东西部高校辅导员队伍建设的比较研究、"双一流"高校或文科类高校辅导员队伍建设研究比较少。第三，研究方法陈旧，手段缺少创新。当前高校辅导员队伍建设研究多采用文献及理论研究方法，缺乏实证研究及案例分析，缺少深入辅导员基层一线的调查研究，无法有效掌握第一手材料。第四，侧重于建设主体研究，对建设客体的关注相对较少。我国当前的研究者更多站在高校角度来分析问题，较少关注辅导员内心的真实感受。第五，过多倾向于队伍建设过程的研究，建设成效的研究偏少。当前各类文献资料倾向于从顶层设计、选聘入职、培训发展、管理晋升等方面来探讨辅导员队伍建设问题，而对于辅导员队伍建设的质量缺少关注。

三、研究思路及方法

（一）研究思路

以马克思主义为指导思想，坚持以习近平新时代中国特色社会主义思想武装头脑、指导实践，综合运用哲学、政治学、教育学、社会学、心理学、管理学、伦理学、法学等学科的基本原理和基础知识，以《高等学校辅导员职业能力标准（暂行）》《普通高等学校辅导员队伍建设规定》《关于全面深化新时代教师队伍建设改革的意见》《关于加快构建高校思想政治工作体系的意见》等一系列与辅导员队伍建设相关的文件作为政策支撑，系统、深入地论述高校辅导员队伍的内涵、特征、功能，以及高校辅导员队伍建设的目标、内容和必要性。阐述马克思主义经典作家的相关理论、中国共产党人对教师队伍建设的有关理论。通过梳理、分析高校辅导员队伍建设的相关文献和资料，系统回顾高校辅导员队伍建设的发展历程，为新时代高校辅导员队伍建设提供重要启示。对新时代高校辅导员队伍建设所面临的新要求、所处的新方位、所面对的新机遇、所处的新环境进行全面剖析，以更好地把握高校辅导员队伍建设所处的宏观环境。深入剖析新时代高校辅导员队伍建设存在的问题，把握制约建设成效的影响因素及其产生的原因。在牢牢把握高校辅导员队伍建设的指导思想和基本原则的基础上，分别从辅导员、家庭、高校、政府和社会五个维度来探析高校辅导员队伍建设的路径。

（二）研究方法

1. 理论分析法

以马克思主义经典作家的相关理论、中国共产党人对教师队伍建设理论等作为研究的理论基础，通过研究辅导员队伍建设实践、历史经验和知识体系，探讨影响辅导员队伍建设的因素及其原因，从而促进辅导员队伍高质量发展。

2. 文献研究法

对与高校辅导员队伍建设有关的理论著作、政策文件等进行检索、鉴别、分析、归纳和整理，以此作为参照建构框架结构。

3. 比较分析法

对建党以来高校辅导员队伍在不同历史时期的建设实践进行梳理、归纳，提炼和总结出辅导员队伍建设的实践经验，为新时代高校辅导员队伍建设提供参考。

4. 跨学科研究法

充分运用马克思主义理论、教育学、管理学、心理学、政治学、社会学、伦理学、哲学、法学等学科的理论知识，确保研究的全面性、客观性。

5. 经验总结法

对建党以来高校辅导员队伍在不同历史时期的建设实践情况进行归纳、分析与提炼，使之系统化、理论化，对新时代高校辅导员队伍建设具有很强的针对性和指导作用。

6. 系统分析法

将高校辅导员队伍建设视为一个统一的整体，并把这个整体分解为若干子系统，推动辅导员队伍建设工作落实、落细。

7. 管理学分析法

运用SWOT分析法[1]和PESTEL分析法[2]对新时代高校辅导员队伍建设所处的宏观环境进行分析，精准把握与高校辅导员队伍建设密切相关的优势、劣势，以及外部的机会和威胁等，实现高校辅导员队伍建设的科学化、精准化、高效化。

四、研究重点及难点

（一）研究重点

1. 新时代高校辅导员队伍建设的理论基础

主要对高校辅导员队伍建设诸如马克思主义经典作家的相关理论、中国共产党人对高校教师队伍的建设理论及相关理论进行阐释。

2. 新时代高校辅导员队伍建设的历史考察

主要对新民主主义革命时期、社会主义革命和建设时期、改革开放和社会主义现代化建设新时期的高校辅导员队伍建设发展历程进行梳理，归纳与总结队伍建设的已有成效、实践经验。

3. 新时代高校辅导员队伍建设的时代境遇

着重阐述新时代高校辅导员队伍建设的新要求、新方位、新机遇、新环境，把握高校辅导员队伍建设的时代境遇。

4. 新时代高校辅导员队伍建设存在的问题及原因审视

主要把握新时代高校辅导员队伍建设存在的八大问题，并对这些问题的原因进行分析。

5. 新时代高校辅导员队伍建设的路径

主要对高校辅导员队伍建设的指导思想、基本原则进行阐述，并从辅导

---

[1] SWOT分析法，即基于内外部竞争环境和竞争条件下的态势分析，就是将与研究对象密切相关的各种主要内部优势、劣势和外部的机会和威胁等，通过调查列举出来，并依照矩阵形式排列，然后用系统分析的思想，把各种因素相互匹配起来加以分析，从中得出一系列相应的结论，而结论通常带有一定的决策性。S（strengths）是优势，W（weaknesses）是劣势，O（opportunities）是机会，T（threats）是威胁。

[2] PESTEL分析法，又称大环境分析法，是分析宏观环境的有效工具，不仅能够分析外部环境，而且能够识别一切对组织有冲击作用的力量。它是调查组织外部影响因素的方法，其每一个字母都代表一个因素，可以分为6大因素：政治（political）因素、经济（Economic）因素、社会文化（Socio-cultural）因素、技术（Technological）因素、环境（Environmental）因素和法律（legal）因素。

员、家庭、高校、政府和社会五个层面进行论述，并提出相对应的路径。

(二) 研究难点

1. 探究建党百年以来高校辅导员队伍建设的历史进程及经验启示

在这一百多年中，党在加强辅导员队伍建设方面积累了丰富的经验，取得了丰硕的成果。总结高校辅导员队伍建设的基本经验，有助于把握教育规律和教师成长发展的规律，也有助于新时代高校思想政治教育的创新发展，更有助于完善思想政治教育的学科体系和理论体系。由于时间跨度大、空间范围广、涉及内容多，存在一定的难度。

2. 探究高校辅导员队伍建设的所有宏观影响因素

影响高校辅导员队伍建设的环境因素有政治、经济、社会、技术、环境、法律等多个方面，每个方面又包括错综复杂的子因素，这些影响因素相互交叉，最终对高校辅导员队伍建设产生影响。仅仅借助如 SWOT 分析法、PESTEL 分析法等管理学研究工具对高校辅导员队伍建设的所有宏观影响因素进行全方位分析是不现实的，这也是研究的难点之一。

3. 探究高校辅导员队伍建设存在的问题

高校辅导员队伍建设是一项系统的工程，影响高校辅导员队伍建设成效的客观问题也是错综复杂的，既有辅导员自身存在的问题，也有辅导员家庭、高校、社会等方面的问题。这些问题有些是显性的，有些是隐性的。要探究影响高校辅导员队伍建设的所有问题存在一定的难度，本书仅选取几个主要问题加以分析。

4. 探究高校辅导员队伍建设的路径

由于高校辅导员队伍建设存在的各种问题相互叠加、错综复杂，通过提出一套万能的解决方案且能一劳永逸地完成高校辅导员队伍建设的任务是不现实的。笔者仅从辅导员自身等四个层面提出高校辅导员队伍建设的路径。

第一章

新时代高校辅导员队伍建设的概念界定

厘清高校辅导员、高校辅导员队伍建设的相关概念，明确其基本含义，有助于笔者进行高校辅导员队伍建设的理论研究与实践探索。

一、基本概念

准确把握高校辅导员的内涵、高校辅导员队伍建设的内涵，是开展研究的起点。

（一）高校辅导员的内涵

我国高校辅导员经历了政治指导员、政治辅导员、辅导员三个发展阶段。

1. 政治指导员

我国的政治指导员最早来源于黄埔军校时期的政治工作制度，由南昌起义部队建立党代表和政治委员制度，并在团、营、连三级设立党代表和政治指导员。连一级的党代表，作为政治指导员的前身，成为"支部建在连上"这一制度最直接的推动者和实践者。最早在1933年创办的中国工农红军大学正式确立政治指导员制度。政治指导员成为学校对基层中队学员开展教育和教学工作并全面负责学员思想、学习、生活等的得力助手。政治指导员制度运用领域逐步从军队走向高校（主要是军事院校），为高校建立辅导员制度奠定了坚实的理论和实践基础。

2. 政治辅导员

新中国成立后，为适应高等教育事业的发展，全国高校开始建立政治辅导员制度并设立政治工作机构，即政治辅导处，1953年，清华大学率先建立"双肩挑"政治辅导员制度[1]，这标志着我国辅导员制度的正式出现。政治辅导员主要管理学生事务并主持政治学习、思想改造等工作。

3. 辅导员

进入21世纪以来，高校思想政治教育面临新形势、新问题、新任务，党和国家越来越关注和重视思想政治工作，出台了一系列强调大学生思想政治教育工作的文件。特别是2004年中共中央、国务院下发《关于进一步加强和改进大学生思想政治教育的意见》，这是中共中央、国务院第一次以联合发文的形式指导大学生思想政治教育工作的重要文件。这一文件对辅导员进行了界

---

[1] "双肩挑"，即两个肩膀挑担子（清华大学原校长蒋南翔语，指同时承担思想政治工作与业务工作，"双肩挑"政治辅导员制度是清华大学在蒋南翔的领导下于1953年创设的）。

定，明确了辅导员是大学生思想政治教育的骨干力量，专职辅导员队伍也属于教师队伍。政治辅导员也正式改为辅导员。《普通高等学校辅导员队伍建设规定》明确指出，辅导员是高等学校教师队伍和管理队伍的重要组成部分，具有教师和干部的双重身份，是高校学生日常思想政治教育和管理工作的组织者、实施者和指导者。

为进一步推动专业化、职业化进程，党和国家高度重视辅导员制度建设，连续出台了一系列政策文件和制度，尤其是党的十八大以来《高等学校辅导员职业能力标准（暂行）》《普通高等学校辅导员队伍建设规定》等一系列重要规定的颁布，辅导员专业化、职业化建设进入了新时代。《高等学校辅导员职业能力标准（暂行）》明确规定，辅导员是高等学校教师队伍和管理队伍的重要组成部分，具有教师和干部的双重身份。辅导员既是开展大学生思想政治教育的骨干力量，也是高校学生日常思想政治教育和管理工作的组织者、实施者和指导者，辅导员应当努力成为学生的人生导师和健康成长的知心朋友。从法律层面来说，高等学校辅导员成为一个有正式法律法规保障的职业，有了职业名称、职业定义、职业等级、职业能力特征、职业守则、职业知识和职业能力标准等。修订后的《普通高等学校辅导员队伍建设规定》明确指出，辅导员是开展大学生思想政治教育的骨干力量，是高等学校学生日常思想政治教育和管理工作的组织者、实施者、指导者，辅导员应当努力成为学生的人生导师和知心朋友。

综上所述，结合《关于进一步加强和改进大学生思想政治教育的意见》《关于加强高等学校辅导员、班主任队伍建设的意见》等政策文件及与辅导员相关的理论研究成果，再根据辅导员工作的实际情况，可以得出以下结论：高校辅导员是指在高校党委的领导和组织下，有针对性地开展学生日常思想政治教育和管理工作，以促进学生思想政治素质、道德素质、科学文化素质、身心素质全面发展为根本目的，具有良好的职业道德且掌握系统的专业知识和专业技能的从业人员。主要包括以下几层含义：其一，从高校辅导员的岗位性质方面来思考。高校辅导员是在高校党委的领导和组织下开展工作的，政治性是辅导员岗位的第一属性和鲜明底色。高校辅导员职位的设置是培养党和国家事业接班人的内在要求和重要抓手。其二，从高校辅导员的工作职责方面来思考。高校辅导员是履行思想理论教育和价值引领、党团和班级建设、学风建设、学生日常事务管理、心理健康教育与咨询工作、网络思想政治教育、校园危机事件应对、职业规划与就业创业指导、理论和实践研究等工作职责的专业人员。

其三，从高校辅导员的人员构成方面来思考。高校辅导员是包括院（系）党委（党总支）副书记、学工组长、团委（团总支）书记等在内，在院（系）专职从事大学生日常思想政治教育工作的专职辅导员与从优秀专任教师、管理人员、研究生中选聘兼职从事大学生日常思想政治教育工作的兼职辅导员的总称。其四，从高校辅导员的角色定位方面来思考。高校辅导员是高等学校学生日常思想政治教育和管理工作的组织者、实施者、指导者，学生的人生导师和知心朋友。其五，从高校辅导员的职业属性方面来思考。高校辅导员是从业人员通过专门技术劳动而取得个人收入、履行社会义务并获得相对稳定的社会地位、专门类别的职业。担任高校辅导员对从业人员的基本文化程度、政治面貌、职业能力等方面有着严格的要求。

（二）高校辅导员队伍建设的内涵

高校辅导员队伍建设指在党和政府的领导下，针对当前高校辅导员队伍建设统筹谋划不够、队伍整体素质与能力有待提升、队伍结构与分布不尽合理、教师管理体制和机制亟待完善、职业化水平有待提高、辅导员职业吸引力相对不足等问题，遵循教育规律和教师成长的规律，以师德素养和业务能力为核心，把促进学生健康成长作为出发点和落脚点，通过加强统筹谋划、健全管理制度、优化队伍结构、搭建成长平台、强化管理考核、健全激励机制等措施，有计划、有组织、有目的地促进其综合素质、专业化水平和创新能力大幅提升且提升其育人能力。主要包括以下几层含义：其一，明确了高校辅导员队伍建设主体。高校辅导员队伍建设主体包括宏观层面、中观层面和微观层面的主体，这些建设主体相互关联、相互支撑、协同配合，共同致力于辅导员队伍建设的高质量发展。从宏观层面来说，国家级的高等教育主管部门主要负责拟订教师队伍建设改革与发展的方针政策和规定，指导与监督教育系统教师队伍建设，等等，在推进辅导员队伍建设中把方向、谋大局、定政策、促改革，起着教育指导、督导、监督和保障作用。从中观层面来说，省市级的高等教育主管部门负责贯彻落实上级关于加强和改进辅导员队伍建设的重大战略决策，在推进辅导员队伍建设中发挥着"枢纽站"的功能，起着上传下达、左右联通和平台桥梁的作用。从微观层面来说，包括高校、企事业组织、街道社区、培训基地甚至辅导员自身等，微观主体是辅导员队伍建设的参与者、组织者、推动者、实践者和落实者，尤其包括行政、教务、科研、财务、后勤等部门在内的高校内部各个部门更是辅导员队伍建设的直接实施者；同时，辅导员作为高校辅导员队伍建设直接的受益者和参与者，在追求自身素质不断提升的同时，必须充分发挥主观能动性，这是推动高校辅导员队伍建设高质量发展的重要影响因素。其二，明确了高校辅导员队伍建设必须遵循一定的基本规律。思想政治教育工作是一门科学，具有自身的规律和特点；高校辅导员作为教师的重要组成部分，其发展也有其自身的规律性。高校辅导员人才队伍建设，应从可持续发展的角度，遵循教育自身的规律、人力资源配置规律、人才成长规律及辅导员职能不断拓展的规律。就教育规律而言，就是要把高校辅导员队伍建设作为教师队伍和管理队伍建设的重要内容，整体规划，统筹安排，不断提升队伍的专业水平和职业能力。就人力资源配置规律来说，就是对高校内部的辅导员人力资源进行科学、合理的配置，实现人员的合理流动，改善人力资源环境，有效地激活辅导员人力资源的潜力，做到人尽其才、才尽其用。就人才成长规律来说，人才成长规律是对人才成长过程中各种本质联系的概括与归纳，就是要做到遵循实践成才、人才成长螺旋式上升、人才个体差异性等规律。就辅导员职能不断拓展的规律而言，辅导员的职责范围始终随着高等教育和社会发展的要求而处在不断的变化中，对辅导员综合素养与能力的要求也随之发生变化，高校辅导员队伍建设需要进行相应调整以适应现实需要。其三，强调了高校辅导员队伍建设的计划性、组织性和目的性。高校辅导员队伍建设是一个系统工程，建设责任重大，任务艰巨。各级教育主管部门和高校要从指导思想、基本原则、目标任务、具体措施、实施保障等方面来制订切合实际的高校辅导员队伍建设计划。高校要把辅导员队伍建设作为一项系统性、长期性的战略任务来实施，高校辅导员队伍建设并非一蹴而就能完成的，而是需要一个循序渐进的推动过程。唯有制订科学、合理的建设计划，高校辅导员队伍建设工作才能取得成效。高校辅导员队伍建设涉及校内外多个组织部门，缺乏健全的组织保障措施是无法推动其进行的。各级教育主管部门和高校要建立辅导员队伍建设工作专班，切实加强领导和组织协调，建立多部门联系机制，制订具体实施方案，落实责任分工，确保建设计划落实到位。高校辅导员队伍建设的目的是着力提升辅导员综合素质和职业能力，更好地推动辅导员队伍专业化、职业化，努力打造一支素质过硬、结构合理且相对稳定的高校辅导员队伍。其四，界定了高校辅导员队伍建设的过程性。高校辅导员队伍建设是一个长期的过程，包括配备与选聘、发展与培训、管理与考核等多个环节。高校辅导员队伍建设是有目的、有计划、有组织地促进辅导员成长、成才、全面发展的社会实践活动，并非单个环节简单叠加的过程，而是各个环节相互关联、相互支持、相互作用的过程。

二、新时代高校辅导员队伍的特征

高校辅导员队伍建设经过百余年的实践，正在逐步形成一支师德高尚、业务精湛、结构合理、充满活力的辅导员队伍，新时代高校辅导员队伍呈现出政治性、专业性、综合性、协同性等基本特征。

（一）政治性

政治性是思想政治教育的本质属性。思想政治教育一旦脱离政治性的内核，便意味着让渡了自身存在的价值与意义。思想政治教育作为无产阶级革命事业的重要组成部分，是为无产阶级的历史使命服务的。高校思想政治教育属于方向性教育，体现了鲜明的阶级性和政治性，这就决定了辅导员队伍也具有鲜明的政治性。中国共产党领导的高校思想政治教育就是用马克思主义武装青年学生的头脑，培养学生运用马克思主义基本原理分析和解决实际问题的能力，引导其牢固树立马克思主义和中国特色社会主义理想信念的实践活动。辅导员队伍是高校思想政治工作队伍的重要组成部分，是思想政治教育的骨干力量，辅导员的岗位性质和工作职责充分体现出思想政治教育的政治属性。辅导员岗位自诞生以来，就一直肩负着高校思想政治教育的重要使命，是高校思想政治教育最为基层的组织者、教育者和管理者，担负着提高学生思想政治觉悟、引导学生培养健全人格的重任。尤其是中华人民共和国成立以来，为了引导广大学生走近、接受、认同马克思主义和做好学生政治信仰、政治方向、政治行为的引领工作，在借鉴苏联经验和继承中国人民抗日军事政治大学政治指导员制度的基础上，结合具体国情和高等教育的发展实际，党和政府提出了要在各高校建立辅导员制度并得到了实施。因此，政治性是我国高校辅导员的根本属性与核心特征。《高等学校辅导员职业能力标准（暂行）》要求将"政治强"作为辅导员职业能力的首要特征，将爱国守法、热爱祖国、热爱人民、拥护中国共产党的领导、拥护中国特色社会主义制度置于辅导员职业守则的第一位。同时，《普通高等学校辅导员队伍建设规定》规定，将具有较高的政治素质和坚定的理想信念，坚决贯彻执行党的基本路线和各项方针政策，有较强的政治敏锐性和政治辨别力作为辅导员选聘的首要条件。这些均充分体现了高校辅导员队伍的政治性。高校辅导员队伍必须提高政治站位，强化思想认识，加强政治历练，增强政治本领，以过硬的政治素质开展思想政治工作。因此，政治标准是衡量与考核辅导员队伍的首要标准，政治表现是对辅导员队伍的首要考量，政治过硬更是辅导员队伍的首要政治品质和政治生命线。

（二）专业性

辅导员作为高校中从事思想政治工作和学生日常管理工作的基层工作者，是不断提高学生思想水平、政治觉悟、道德品质、文化素养的重要引路人。专业性是高校辅导员队伍区别于其他教师队伍的重要特征之一。其一，职业的稳定性。随着高校辅导员队伍建设取得明显的成效，辅导员队伍的不稳定现象逐步得以解决，辅导员队伍趋于稳定状态。根据有关数据统计显示，2017年、2019年、2021年和2022年全国高校专兼职辅导员人数分别为14.87万人、18.88万人、21.87万人、24.08万人。可见，高校辅导员队伍趋于专业化、职业化，逐步形成了一支受过专门教育或训练、相对稳定的专业队伍。其二，健全的理论知识与专业技能。经过长期的高校辅导员队伍建设的理论研究和实践探索，通过马克思主义理论学科和一流学科建设、马克思主义学院建设等，设立了马克思主义理论与思想政治教育专业及其相应的本科点、硕士点、博士点，高校思想政治教育人才培养的规格、层次、目标等不断完善和拓展，在高等教育阶段有其固定课程、核心课程，学科领域涵盖了学士、第二学士、硕士、博士、博士后等各层次的人才培养，构建了健全的思想政治教育专业技能和知识体系。其三，高校辅导员队伍建设有明确、清晰的具体要求。在《普通高等学校辅导员队伍建设规定》中，对高校辅导员队伍有明确、具体的建设要求。如有严格的辅导员工作要求，有明确的辅导员主要工作职责、师生配备比例、选聘条件、工作考核评价等，确保了高校辅导员队伍与其他教师队伍在其专业领域内的相对独立。其四，设立权威性的专业团体组织和管理机构。从国家、省市层面来说，分别成立了诸如思想政治教育研究会、学生工作研究会、全国高校辅导员工作研究会等辅导员专业团体组织；从各高校的角度来说，设立了学生工作部（处），院系根据分工的不同而设立管理部门，成立辅导员自我管理委员会和辅导员发展管理中心等。其五，职业能力的专业性。《高等学校辅导员职业能力标准（暂行）》分别从职业名称、职业定义、职业等级、职业能力特征、基本文化程度、政治面貌要求、培训要求、职业守则、职业知识对职业能力标准进行明确规定，这是对高校辅导员职业能力进行规定的首个正式文件。

（三）综合性

高校辅导员队伍是开展大学生思想政治教育的骨干力量，承担着培养合格接班人的光荣使命。随着社会形势的变化发展，高等教育对辅导员队伍的整体素质要求越来越高，辅导员队伍在人员结构、职责内容、职业知识、能力结构等方面所体现出来的综合化特征也日益明显。从人员结构来看，辅导员队伍性别结构、年龄结构、学历结构、知识结构不断优化，专业水平和职业能力不断提升。比如，本专科生专职辅导员男女比例相当，平均年龄约30岁，在年龄上呈现年轻化趋势；从学历构成来看，新招的辅导员的学历普遍为研究生，拥有博士学历的辅导员人数较少；辅导员中马克思主义理论、思想政治教育、人文社科等专业的人相对偏少。从职责内容来看，辅导员职责范围从单纯的思想政治工作到涵盖思想政治教育和入学教育、毕业生教育及相关管理和服务工作、职业规划与就业创业指导、校园危机事件应对、心理咨询、学生活动筹办等多方面的工作内容。从知识结构来看，辅导员要有较高的学识，具备马克思主义理论、哲学、政治学、教育学、社会学、心理学、管理学、伦理学、法学等学科的知识。从能力结构来看，《高等学校辅导员职业能力标准（暂行）》对初级、中级、高级辅导员的能力要求进行了规定。比如，针对初级辅导员的日常事务管理而言，辅导员要具备通过主题班会等形式，开展入学教育并帮助学生熟悉并适应大学生活的能力；针对高级辅导员的学业指导而言，辅导员要具备深入了解学生所学专业，并为学生提供有针对性的学习方面建议的能力。因此，合格的辅导员要具备综合性的能力。

（四）协同性

高校思想政治教育作为高校育人体系中的一个子系统，它与高校其他系统（如教学、科研、后勤等）相互关联、相互依存，构成有机的统一的整体。同时，高校思想政治教育系统也与高校外部（如街道社区、企事业组织、博物馆、文化馆、红色文化教育基地等）有着密不可分的联系。高校思想政治教育是涉及多个育人主体共同参与、协同配合的社会实践活动，它并非辅导员独自承担的工作内容，而是需要包括辅导员等在内的多个育人主体参与的育人活动。因此，辅导员队伍的联动协同作用无法忽略，主要表现在以下几个方面：第一，辅导员队伍与专业课教师等校内教育教学队伍之间的协同。高校要打造辅导员队伍和校内教育教学队伍之间的协同育人机制，实现各个育人主体的共同参与和全面合作。第二，辅导员队伍与后勤系统、管理系统、教学系统、科研系统等校内各个部门的协同。高校辅导员队伍通过深挖校内各个育人部门的服务保障潜力，建立常态化的合作育人机制，打造协同育人平台，确保协同育人工作落实、落细、落地。第三，辅导员队伍与街道社区、企事业单位、非营利组织等校外育人主体之间的协同。高校通过发挥这些校外育人主体的教育功能，搭建协同育人平台，实现教育资源共享，共同致力于学生的全面发展。高校辅导员工作的协同性始终贯穿于教育教学全过程，脱离了这一特征，辅导员队伍无法调动校内外的育人资源。因此，要大力增强辅导员队伍的协同性，确保辅导员队伍在高校思想政治教育工作中起到桥梁的作用。

三、新时代高校辅导员队伍的功能

高校辅导员队伍是教师队伍和管理队伍不可缺少的组成部分，它在高校思想政治教育工作中占据着十分重要的地位，并发挥着不可替代的作用。新时代高校辅导员队伍的功能主要包括政治引领与保障功能、教育引导功能、组织管理和服务功能。

（一）政治引领与保障功能

加强对大学生的政治引领，既是高校思想政治教育的首要任务，也是高校辅导员队伍的重要功能之一。辅导员可以帮助大学生树立正确的政治观念，确保学生保持正确的政治方向，确立正确的价值取向。高校辅导员队伍肩负着做好政治引领工作的重任，引导学生在真学、真懂、真信、真用马克思主义的基础上，运用马克思主义的立场、观点、方法观察和分析问题。新时代高校辅导员要发挥好政治引领作用，用习近平新时代中国特色社会主义思想武装学生头脑是基础和前提，重中之重是贯彻落实好习近平总书记关于教育的重要论述和重要指示批示精神。辅导员作为高校学生日常思想政治教育和管理工作的组织者、实施者和指导者，始终处于执行党的政策的基层一线，一旦脱离了辅导员的桥梁和纽带作用，将无法保障把党的教育方针全面落到实处。

（二）教育引导功能

高校辅导员岗位设置的目的是开展思想政治工作，有针对性地对学生开展思想政治教育。就教育形式而言，除直接参与思政课、通识课和专业课等的教育教学之外，辅导员队伍更多的是通过校园文化活动、主题班会、座谈会、志愿服务、勤工助学等形式来引导学生深入社会，将学校教育与社会教育、理论教育与实践教学有机结合起来，帮助学生培养健全的人格。就教育模式而言，高校思想政治教育是辅导员将思想政治工作融入学生的日常生活中，培养学生正确的世界观和道德观。高校辅导员是扎根基层、面向学生、冲在最前面的思想政治工作者，扮演着政治思想领航者、学习成才指导者、人生发展引导者、事务工作管理者、成长路上知心者等多重角色，担负着引导学生规划人生的使命，为学生提供学习支持、生活辅导、经济资助、学业辅导、心理帮扶、交友恋爱、求职就业、法律援助等全方位指导。在《普通高等学校辅导员队伍建设规定》的"要求与职责"中，引导是辅导员重要的职责之一。尤其在2018年全国教育大会上，习近平总书记就远大理想等七个方面更是强调教师队伍建设要加强对学生的教育引导。教育引导是高校辅导员队伍的基本功能之一，全面充分发挥好教育的引导功能，有助于推动思想政治教育的高质量发展。

（三）组织管理和服务功能

辅导员队伍是处在高校第一线的学生管理人员，是高校思想政治教育的骨干力量，也是高校学生日常思想政治教育和管理工作的组织者、实施者、指导者。在日常组织管理工作中，辅导员对学生在校内外的学习和活动进行计划、组织、协调等，主要包括管理规章制度的执行、学校正常教育教学秩序的保障、学风建设、新生军训和入学教育、毕业生离校教育、勤工助学、社会志愿、网络思政教育、宿舍文化建设、职业规划与就业创业指导、校园危机事件应对、党团建设与班级管理、学生室外校外活动、违法违纪学生教育及奖励管理、学生日常行为规范、学生档案管理等多方面。服务性是辅导员工作的根本属性，在《高等学校辅导员职业能力标准（暂行）》中，以献身教育事业、引领学生思想和服务学生成长为己任作为职业守则之一。在《普通高等学校辅导员队伍建设规定》中，围绕学生、关照学生、服务学生也是辅导员的工作要求之一。高校辅导员的服务功能主要体现在立足于立德树人根本任务、立足于服务学生的健康成长和全面发展上。

四、新时代高校辅导员队伍建设的目标

新时代高校辅导员具有教师和管理人员的双重身份，高校辅导员的培养要

纳入人才队伍建设的总体规划。新时代高校辅导员队伍建设的目标如下：建立数量充足、结构合理、素质优良的高校辅导员队伍。

（一）数量充足

所谓数量充足，就是高校辅导员队伍配备在计划内的人数比较充盈。高校应按照上级文件的规定，配齐专职辅导员，按需适当补充兼职辅导员，推动思想政治教育体系的有效运行。在《普通高等学校辅导员队伍建设规定》的"配备与选聘"章节中明确规定，高校应当按总体上师生比不低于1∶200的要求设置专职辅导员岗位，按照专兼结合、以专为主的原则，数量配备到位。这是高校专职辅导员数量配备的红线，若达不到这个比例，专职辅导员工作量势必过重，导致影响育人效果。首先，严格按照教育部师生比不低于1∶200的要求来配备专职辅导员。也就是说，200名学生必须按照"至少1名专职+若干名兼职辅导员"模式来配备。其次，各高校要根据学生类型、年级、专业及校情等来配备专职辅导员。各高校要根据具体情况来调整辅导员人数或带班学生人数，比如，高校新生入学初期，鉴于学生对高校学习和生活不够熟悉、相关事务较多等原因，可以适当增加专职和兼职辅导员人数；在学生逐步适应高校环境且步入学习正轨后，可以适当减少专职辅导员人数，但是师生比要严格执行不低于1∶200的标准。又如，针对重点高校和高职院校的学生生源质量、理工科高校和综合类高校的学生专业背景、所带班级中男女生占比等存在差别，在辅导员配备方面也可以酌情进行调整。最后，充分发挥兼职辅导员的辅助功能。高校要通过配备兼职辅导员来辅助专职辅导员工作，兼职辅导员成为专职辅导员的有益补充和得力助手。鉴于兼职辅导员自身有专职工作，其具体工作不宜占用其正常的工作时间，而是利用其非工作时间来承担诸如与个别学生谈心等工作。各高校要根据学生在校阶段、专业背景、学生综合素质等来配备一定数量的兼职辅导员，其工作量按专职辅导员工作量的三分之一来核定。同时，兼职辅导员配备数量也不宜过多，要人尽其责，避免人浮于事。要按照专职为主、专兼结合原则，从行政管理人员、优秀专职教师、研究生、博士后中选聘兼职辅导员，尤其要鼓励思政课教师从事兼职辅导员工作，进一步配齐、配强辅导员队伍。

（二）结构合理

高校辅导员队伍结构是指高校辅导员队伍的构成状况。这一群体结构主要包括性别、职务（职称）、学历（学位）、年龄、专业、专兼职、能力等。高校辅导员队伍作用能否有效发挥与辅导员队伍结构是否合理相关，思想政治教育质量也与高校辅导员队伍结构是否合理密不可分。优化辅导员队伍结构，就是要坚持"引育结合"的原则，既要做到"筑巢引凤"，也要畅通成长渠道，且做到留住和用好人才，激发辅导员自身的内生动力，从而实现高校辅导员队伍结构的合理性与科学性。其一，性别结构。由于男辅导员与女辅导员在生理和心理等方面均存在一些差异，在具体的思想政治工作中可以充分发挥各自的性别优势与强项，取长补短，并进行优势互补。比如，充分发挥女辅导员特有的表达、思维和耐力方面的优势，可以全面发挥男辅导员的领导力、创造力、洞察力等方面的能力。改善高校辅导员队伍的性别结构，就是对高校辅导员队伍的男、女辅导员比例进行调整和协调，使男、女辅导员数量比例趋于平衡。对于心理咨询等工作，可以多安排女辅导员担任；对于社会实践类活动，可以多安排男辅导员参与。其二，职务（职称）结构。这是指高校辅导员队伍中的初、中、高级等各级职务（职称）的比例构成状况。《普通高等学校辅导员队伍建设规定》明确规定，高等学校要按专任教师职务岗位结构比例合理设置专职辅导员的相应教师职务岗位，专职辅导员可按教师职务（职称）要求评聘思想政治教育学科或其他相关学科的专业技术职务（职称）。当前专职辅导员中具有高级职称（如副教授、教授等）的相对较少，大多数专职辅导员的职称为讲师及以下。完善辅导员职务（职称）结构，就是要更加注重考察辅导员的任职年限、工作创新、实际表现、工作业绩和育人实效等，构建设置合理、评价科学的职称制度来培养更多高职称的辅导员。其三，学历（学位）结构。这是指高校辅导员队伍中具备博士、硕士、学士学位的人员的比例。当前我国高校辅导员队伍的学历结构正在逐步优化，但远未达到理想的状态，具有博士和硕士学位的辅导员比例依然偏低，具有学士学位及没有学位的辅导员比例居多，这种状况亟待改善。改善高校辅导员队伍的学历结构，就要提升辅导员岗位的准入门槛，加大辅导员在职攻读硕博士学位比例，并对较低学历的辅导员进行调岗，逐步提升辅导员中高学历学位的比例，从而实现改善辅导员学历（学位）结构的目标。其四，年龄结构。这是指各年龄组辅导员数量在高校辅导员总数中的比例。当前多数高校辅导员队伍年龄结构不够合理，年龄断层现象相对突出。优化辅导员队伍的年龄结构，就是要明确老、中、青三个年龄层次辅导员的占比，实现老、中、青辅导员的合理组合，且以中青年辅导员为主。既有经验丰富的老年辅导员，又有创造力强的中年辅导员，还有思想敏锐、积极好学的青年辅导员。其五，专业结构。这是指辅导员队伍中各种专业人才的比例构成。当前部分高校对辅导员的专业背景没有严格的限制，造成部分新进辅导员缺乏思想政治素养，直接影响了思想政治教育的效果。优化辅导员队伍的专业结构，就是对不同专业背景的辅导员进行合理配置，促进辅导员掌握思想政治教育基本理论和社会学、心理学、管理学等，达到辅导员队伍专业结构合理化和科学化。其六，专兼职结构。各高校要根据教育部专职辅导员最低配备标准、高校自身情况、学生情况等来合理配置专职与兼职辅导员之间的比例。其七，能力结构。辅导员职业能力是辅导员从事其职业所具备的多种能力，主要包括具备较强的组织管理、语言表达、教育引导、自我调控、调查研究等能力。优化高校辅导员队伍的能力结构就是要结合辅导员职业功能、具体思想政治工作和辅导员自身能力现状等来补齐其能力方面的短板，实现能力互补，通过前期招聘与后期培养来促进辅导员自身职业能力与综合能力的提升，不断优化高校辅导员队伍的职业能力结构。

（三）素质优良

素质优良就是高校辅导员队伍所具备的综合素质与日常思想政治工作对综合素质的现实要求相匹配、相一致。高校辅导员队伍素质包括思想政治、职业道德、科学文化、教育理论、教育能力、身体、心理等方面的素质。素质优良的高校辅导员队伍直接关系到思想政治教育质量。高校辅导员队伍建设要从以下几个方面来着手：其一，思想政治素质优良。思想政治素质是辅导员在政治方向、政治立场、政治观点、政治品德和思想作风等方面的基本情况。它影响并决定着高校辅导员队伍职业发展的方向。高校辅导员队伍要深入学习马克思列宁主义、毛泽东思想和中国特色社会主义理论体系，尤其要学深悟透习近平新时代中国特色社会主义思想，将其转化为坚定理想、推动工作的强大力量。辅导员要做到自觉运用马克思主义来深入、透彻地观察各种现象和分析各种问题，教育学生坚定不移地听党话、跟党走。其二，职业道德素质优良。职业道德素质，即道德品质修养，主要体现在道德认识、情感、意志和行为等方面。在《中共中央　国务院关于全面深化新时代教师队伍建设改革的意见》中，把提高教师思想政治素质和职业道德水平作为教师队伍建设的基本原则之一，突出了师德建设的重要性。高校辅导员队伍要深入学习习近平总书记关于师德师风建设的重要论述，认真落实新时代教师职业行为十项准则，自觉加强师德修养，着力提升职业道德水平，做到以德立身、以德立学、以德施教、以德育德，自觉做为学、为事、为人的表率。其三，科学文化素质优良。科学文化素质是高校辅导员队伍通过学习和积累而具有的文化修养。高校思想政治教育是一项育人工作，要推动高校辅导员队伍掌握马克思主义理论、心理学、管理学、教育学等多学科的基础知识，全面掌握思想政治教育的专业知识、马克思主义中国化相关知识、思想政治教育工作实务知识及与学生思想政治教育相关的法律法规知识，确保高校辅导员队伍科学文化素质优良。其四，教育理论素质优良。高校辅导员队伍要全面掌握教育发展史、学科教学论等方面的教育基本理论知识，不断更新教育理念，树立现代教育观。其五，教育能力素质优良。优良的教育能力素质是高校辅导员队伍开展育人工作的重要支撑与必要前提。教育能力包括课堂教学、组织管理、课程开发、公共服务、自我发展、研究创新等方面的能力。其六，身体和心理素质优良。身心健康是做好高校思想政治教育的基础和前提。要定期对辅导员进行身体健康检查，因地制宜安排辅导员进行休养，鼓励和支持辅导员积极参与各类体育活动，培养健康的生活方式；促进辅导员进行自我心理调节，缓解并疏导辅导员的职业压力和心理压力。

五、新时代高校辅导员队伍建设的内容

新时代高校辅导员队伍建设作为一个系统工程，是一项艰巨的任务。明确建设内容既是开展高校辅导员队伍建设工作的重要前提，也是推动高校辅导员队伍高质量发展的必要条件。新时代高校辅导员队伍建设主要从思想认识建设、组织管理建设、素质能力建设、政策制度建设方面开展，进而提升全体辅导员的综合素养，进一步增强高校辅导员队伍的凝聚力和战斗力。

（一）思想认识建设

思想是行动的指南。思想认识是基础，是做好一切工作的前提。只有思想认识到位，才有行动上的自觉。推动高校辅导员队伍建设、促进辅导员整体素质提升，只有从思想上充分认识其重要性、必要性、紧迫性，强化思想自觉和行动自觉，才能抓实、抓牢、抓好高校辅导员队伍建设。所谓思想认识建设，就是高校辅导员队伍建设主客体对高校辅导员队伍建设的指导思想、重要意义、总体要求、基本原则、目标任务、时代境遇、问题原因、对策路径等方面形成有效认知，逐步提升队伍建设的思想自觉和行动自觉。高校辅导员队伍建

设主体包括各级政府和高校等组织机构、行政部门及行政领导，他们是高校辅导员队伍建设政策制度的制定者与执行者，是高校辅导员队伍发展方向的指引者，是高校辅导员队伍建设工作落实的管理者。队伍建设主体的思想认识建设，就是要牢牢把握习近平总书记关于教育和教师工作重要讲话的重要精神，将队伍建设上升到"为党育人、为国育才"的战略高度，紧紧围绕立德树人的根本任务，重新审视队伍建设的重要性、必要性和紧迫性。另外，高校辅导员队伍建设客体是辅导员自身，要引导辅导员认识到教师工作和思想政治教育的重要性。辅导员要始终恪守爱国守法、敬业爱生、育人为本、终身学习、为人师表的职业守则，切实增强思想自觉和行动自觉，充分发挥自身的主观能动性，以模范行为影响和带动学生。高校辅导员队伍建设主客体均要从以下几个方面加强思想认识：其一，高校辅导员队伍建设是高等教育改革和发展的核心环节。加强队伍建设，有助于全面提升教育管理的能力和水平，有助于推动高等教育事业高质量发展。其二，高校辅导员队伍建设既是贯彻党的教育方针、坚持社会主义办学方向的重要举措，也是因材施教、培养高素质创新型人才的关键所在。其三，高校辅导员队伍建设是建设教育强国的基础工程、重中之重。党的二十大报告明确强调，要加快建设教育强国、科技强国、人才强国，坚持为党育人、为国育才，全面提高人才自主培养质量，着力造就拔尖创新人才，聚天下英才而用之。其四，高校辅导员队伍建设是推进教育现代化的必由之路。加强高校教师队伍建设已经成为持续推进教育现代化的重要动力。其五，高校辅导员队伍建设是办好人民满意教育的关键因素。高校辅导员队伍肩负着立德树人的神圣使命，承担着培养社会主义合格建设者和可靠接班人的时代任务，是办好人民满意教育的中坚力量和第一要素。

（二）组织管理建设

组织管理建设就是加强高校辅导员队伍建设的组织体系建设，建立完善的组织管理机构，健全组织管理体系，优化和健全领导体制和管理机制，为队伍建设提供良好的组织保障。其一，健全组织管理机构。组织管理机构建设就是搭建包括各级政府、高校等辅导员队伍建设规划、组织、指导、监督和考核的组织管理机构体系，为队伍建设提供强有力的组织保障。其二，优化领导管理体制。高校辅导员实行学校和院（系）双重管理，学校党委、院（系）党委（党总支）直接领导和管理辅导员队伍建设。要充分发挥学校党委的领导作用，确保校、院两级党委牢牢把握高校辅导员队伍建设的领导权，高校辅导员队伍建设始终坚持正确的政治方向。其三，加强组织管理内容。从高等教育理念的视角出发，紧扣辅导员队伍使命的特殊性，充分运用现代人力资源管理研究的新成果，对辅导员的招聘培训、薪酬福利、奖惩任免、绩效考核、职务晋升、职业生涯规划、劳动关系管理等方面进行科学管理，提高辅导员队伍的人力资源管理质量与工作效率。其四，把握组织管理方向。组织管理建设必须全面贯彻党的教育方针，忠诚党的教育事业，在思想上、政治上、行动上始终同党中央保持高度一致，与新时代高校思想政治教育的新要求保持一致，与新时代教师队伍高质量发展相一致，确保辅导员队伍的组织管理建设与新时代的新要求相契合，充分挖掘这支队伍的潜力。其五，抓住组织管理的中心环节。组织管理建设的目的是实现辅导员自身的全面发展和提升辅导员队伍的整体素质。应最大限度地调动辅导员的主动性、积极性与创造性，尽力发掘辅导员的潜能，解决组织管理机制方面阻碍队伍建设的问题，做到人尽其才、才尽其用、培养人才、留住人才。

（三）素质能力建设

高校思想政治教育是一个以学生为工作对象的复杂的系统工程，既教育人、引导人、鼓舞人，又尊重人、理解人、关心人。为进一步加强高校辅导员队伍建设，推动高校辅导员队伍的专业化、职业化发展，教育部 2014 年印发了《高等学校辅导员职业能力标准（暂行）》，对高校辅导员素质能力标准进行了规范与要求，为新时代高校辅导员队伍的素质能力建设指明了前进的方向。这一标准从初级、中级、高级三个能力级别，对辅导员在思想政治教育等九个方面的工作内容进行了梳理和规范，对辅导员应具备的素质能力和理论知识提出了明确的要求。辅导员队伍的素质能力建设主要从以下几个方面着手：其一，加强政治素质建设。作为辅导员队伍核心素质的政治素质是衡量新时代辅导员队伍素质能力的首要标准和根本要求，是辅导员履行好任务的首要条件，具有方向性、引领性、决定性作用。辅导员应全面学习和领会习近平新时代中国特色社会主义思想，不断增进对党的创新理论的政治认同、思想认同、理论认同、情感认同，做到真学、真懂、真信、真用。其二，加强思想道德建设。在培养学生的过程中，辅导员队伍自身的立德修身尤为关键，要引导辅导员以德立身、以德立学、以德施教，让良好师德师风浸润人心。其三，加强专业素质建设。具有较为扎实的专业素质是辅导员做好思想政治教育工作的前提与基础，专业素质建设主要从职业知识和职业能力两个方面加以落实。一方面，掌握职业知识。依据《普通高等学校辅导员职业能力标准》，着重将马克思主义理论等学科的基本原理、思想政治教育专业基本理论、马克思主义中国化相关理论、思想政治教育工作实务等作为辅导员队伍培训的主要内容。另一方面，增强职业能力。结合《普通高等学校辅导员职业能力标准》，着重培养辅导员队伍组织管理、心理咨询、就业指导、学生事务等的管理能力。

（四）政策制度建设

思想政治教育是一项科学性、思想性、综合性、政策性很强的工作。辅导员从其诞生到发展至今，与政策制度的有力支撑密不可分，完善的政策制度体系是辅导员队伍全面发展、队伍建设顺利推进的有力保障。首先，应构建系统完备、科学规范、运行有效的政策制度体系。从中央层面来说，尤其自党的十八大以来，根据辅导员发展的实际情况，制定了《高等学校辅导员职业能力标准（暂行）》《关于全面深化新时代教师队伍建设改革的意见》等一系列政策制度，保障辅导员队伍的建设，对新时代高校辅导员队伍建设做出了顶层设计与战略部署。从省级层面来说，各地结合当地辅导员队伍的发展情况，出台了地方政府政策制度文件，对中央政策进行具体的部署并执行。从高校层面来说，各高校结合本校辅导员队伍发展情况，对上级政策制度具体落实执行，比如清华大学继续执行"双肩挑"制度，复旦大学出台《关于进一步加强辅导员队伍建设的若干意见》等。这三个层面从中央政策制度顶层设计到省级研究部署再到高校具体落实，构成了完整的高校辅导员队伍建设政策制度体系。其次，应完善现有的政策制度，建立新的政策制度。我国初步形成了推进高校辅导员队伍建设的完善的制度体系，高校辅导员队伍建设已经呈现出新的面貌。然而，新时代对辅导员提出了新要求，高校辅导员队伍建设的政策制度体系与客观需要依然存在一定差距。因此，要持续、深入地研究高校辅导员队伍建设所存在的问题，不断完善辅导员队伍的现有政策制度体系，持续推进高校辅导员队伍建设科学化、规范化、制度化，进一步提高辅导员的育人水平。要建立、健全新时代高校辅导员队伍建设的政策制度，就要紧扣高校辅导员角色愿景、职业能力提升、职称评定、评价激励、成长发展、成果展示、发展空间等环节，制定配套的政策文件，建立健全的政策扶持制度，形成推进高校辅导员队伍建设的一套完善的制度体系。

六、新时代高校辅导员队伍建设的必要性

百年大计,教育为本;教育大计,教师为本。高校辅导员的专业能力和职业素养高低直接关系着高校学生的管理工作,直接影响到高校人才培养的质量。要落实好立德树人这一根本任务,必须牢牢抓住高校辅导员队伍建设这一基础任务。新时代以来,以习近平同志为核心的党中央将高校教师队伍建设摆在了突出的位置,做出了一系列的重大决策部署,推动教师队伍建设取得了新成效。辅导员是高校教师队伍和管理队伍的重要组成部分,是高校开展学生思想政治教育工作的骨干力量,也是学生健康成长的指导者和引路人,在推动高校各项事业发展的进程中扮演着重要的角色。当前,我国正处于全面建设社会主义现代化国家、向第二个百年奋斗目标进军的新的发展阶段,切实把高校辅导员队伍建设提高到一个新的水平举足轻重。

(一) 党和政府将教师队伍建设摆在突出位置

实现中华民族伟大复兴的基础在教育,关键靠人才。教育为全面建成社会主义现代化强国和实现中华民族伟大复兴提供丰富的战略资源和创新人才储备。当前,我国正处于实现民族复兴的关键时期,教育的基础性、支撑性、先导性、全局性地位和作用更加凸显,教师的重要性也更加凸显。面对新方位、新征程、新使命,教师队伍建设还不能完全适应。在此背景下,以习近平同志为核心的党中央将教师队伍建设摆在了突出的位置,陆续做出了一系列重大决策部署,教师队伍建设迎来了前所未有的发展机遇期。从党的十八大报告强调要加强教师队伍建设,提高师德水平和业务能力,增强教师教书育人的荣誉感和责任感,到党的十九大报告强调要加强师德师风建设,培养高素质教师队伍,倡导全社会尊师重教,再到党的二十大报告继续强调要加强师德师风建设,培养高素质教师队伍,弘扬尊师重教社会风尚。习近平总书记多次就高等教育特别是教师队伍建设发表重要讲话,做出重要指示,为高校辅导员队伍建设指明了发展的方向。在 2016 年全国高校思想政治工作会议上,习近平指出,"要拓展选拔视野,抓好教育培训,强化实践锻炼,健全激励机制,整体推进高校党政干部和共青团干部、思想政治理论课教师和哲学社会科学课教师、辅

导员班主任和心理咨询教师等队伍的建设，保证这支队伍后继有人、源源不断"〔1〕。在2018年9月全国教育大会上，习近平强调，建设社会主义现代化强国，对教师队伍建设提出新的更高要求，也对全党全社会尊师重教提出新的更高要求。在2021年3月，习近平在看望参加全国政协十三届四次会议的医药卫生界教育界委员时指出，教师是教育工作的中坚力量。有高质量的教师，才会有高质量的教育。2021年4月在清华大学大学考察时，习近平强调："教师是教育工作的中坚力量，没有高水平的师资队伍，就很难培养出高水平的创新人才，也很难产生高水平的创新成果。"〔2〕2022年2月，习近平在中央全面深化改革委员会第二十四次会议上强调，要优化人才发展制度环境，打好基础，储备长远，发挥高校特别是"双一流"大学培养基础研究人才主力军作用，既要培养好人才，又要用好人才。2022年4月，在中国人民大学考察调研时，习近平总书记指出，要高度重视教师队伍建设，特别是要加强中青年教师骨干的培养。习近平总书记的系列重要讲话、重要指示系统回答了一系列方向性、根本性、全局性、战略性的重大理论和实践问题，为新时代培养造就一支师德高尚、业务精湛、结构合理、充满活力的高素质专业化教师队伍提供了依据。

纵观党的十八大以来的教育发展历程，几乎在教育事业发展的每个关键阶段，中央都专门出台文件，对教师队伍建设做出安排和部署。比如，先后颁布了《关于建立健全高校师德建设长效机制的意见》《现代职业教育体系建设规划（2014—2020年）》《国务院关于加快发展现代职业教育的决定》《关于进一步加强和改进新形势下高校宣传思想工作的意见》《关于深化教育体制机制改革的意见》《关于加快建设高水平本科教育全面提高人才培养能力的意见》《新时代高校教师职业行为十项准则》《关于全面深化新时代教师队伍建设改革的意见》《中国教育现代化2035》《加快推进教育现代化实施方案（2018—2022年）》《关于加强和改进新时代师德师风建设的意见》《关于切实加强新时代高等学校美育工作的意见》《新时代公民道德建设实施纲要》《关于职业院校专业人才培养方案制订与实施工作的指导意见》《关于深化高等学校教师

---

〔1〕习近平：把思想政治工作贯穿教育教学全过程 开创我国高等教育事业发展新局面[EB/OL].（2016-12-09）[2023-07-20]. http://jhsjk.people.cn/article/28936173.

〔2〕习近平在清华大学考察时强调 坚持中国特色世界一流大学建设目标方向 为服务国家富强民族复兴人民幸福贡献力量[EB/OL].（2021-04-19）[2023-07-20]. http://jhsjk.people.cn/article/32082047.

职称制度改革的指导意见》《关于深化新时代教育督导体制机制改革的意见》《深化新时代教育评价改革总体方案》等一系列文件，对新时代我国高校教师队伍建设进行了全面部署，明确了工作任务，提出了具体要求，明确了新时代我国教师队伍建设的路线图、任务书、时间表，是深入贯彻和落实习近平总书记有关教育重要讲话精神和中央系列决策部署的重要举措，进一步加强高校辅导员队伍建设，提升高校辅导员队伍专业水平和职业能力。

（二）高校思想政治教育是社会主义现代化建设不可分割的组成部分，是实现民族复兴的基石

党的二十大报告中指出，2035 年要建成教育强国、科技强国、人才强国、文化强国、体育强国、健康中国，达到这一宏伟目标是基本实现社会主义现代化和建成社会主义现代化强国的重要基础；同时，党的二十大报告还指出，要坚持教育优先发展、科技自立自强、人才引领驱动，加快建设教育强国、科技强国、人才强国，坚持为党育人、为国育才。《中华人民共和国国民经济和社会发展第十四个五年规划和 2035 年远景目标纲要》再次明确强调，到 2035 年，要建成文化强国、教育强国、人才强国、体育强国、健康中国，国民素质和社会文明程度达到新高度，国家文化软实力显著增强。其中的教育强国目标，是指到 21 世纪中叶全面建成具有领先的综合国力和国际影响力的社会主义现代化强国，它与其他四个目标之间是有机统一、不可分割、相辅相成的。思想政治教育作为高等教育事业建设中的重要组成部分，在学生政治理论教育、思想品德教育乃至全面发展中发挥着举足轻重的作用，肩负着培养学生思想道德品质、促进学生全面发展的重大使命，也肩负着助力中国式现代化和教育强国的历史使命。同时，高校思想政治教育通过发挥引领社会主流价值、规范社会行为、疏导社会心理、协调社会关系、维护社会稳定等功能来为国家建设培养人才，助力社会主义现代化强国建设。因此，高校思想政治教育已经成为社会主义现代化建设不可分割的组成部分。新时代以来，党和政府持续加强和改进高校思想政治教育，并呈现出良好的发展态势。比如，2019 年颁布的《加快推进教育现代化实施方案（2018—2022 年）》将"实施新时代立德树人工程"作为推进教育现代化的十项重点任务之一，而提升高等学校思想政治工作质量更是"实施新时代立德树人工程"重要举措之一，为推动高质量发展、实现 2035 年奋斗目标夯实了坚实的基础。《关于加快构建高校思想政治工作体系的意见》分别从理论武装、学科教学、日常教育、管理服务、安全

稳定、队伍建设、评估督导等方面来构建思想政治工作体系，全面提升思想政治工作质量。《深化新时代教育评价改革总体方案》作为新中国第一个关于教育评价系统性改革文件，是指导和深化新时代高校思想政治教育评价改革的纲领性文件，成为引导高校思想政治教育高质量发展的"指挥棒"。这一系列政策文件的出台在一定程度上大大促进了高校思想政治工作队伍的全面发展。根据教育部有关调查显示，约95%的学生对辅导员等思政工作队伍表示满意。通过近些年来的不懈努力，思想政治教育为我国高等教育的发展做出了应有的贡献，取得了良好的社会效应，赢得了社会的认可和赞誉。在肯定成绩的同时，我们也要清醒地认识到高校思想政治教育依然面临着不少困难，依然不同程度地存在着思想政治教育的内容与实践脱节等问题。辅导员队伍作为开展高校思想政治教育的骨干力量和主力军，是高校日常思想政治教育和管理工作的组织者、实施者、指导者和直接参与者。唯有努力培养适应新时代发展要求的一流的辅导员队伍，才能做好思想政治教育工作和落实好立德树人根本任务，才能最终为国家、为社会、为民族培养合格的接班人。因此，要从战略和全局高度充分认识到高校辅导员队伍建设的重要性，坚持把高校辅导员队伍建设作为高等教育事业发展最重要的基础工作来抓，把全面加强教师队伍建设作为一项重大政治任务和根本性民生工程来抓，打造一支素质硬、业务精、纪律严、作风正的新时代辅导员队伍，全面提升高校思想政治教育质量水平，为加快推进教育现代化提供关键支撑。

（三）高校辅导员队伍肩负着"为党育人、为国育才"的神圣使命，承担着培养和造就新时代青年学生成为堪当民族复兴重任时代新人的历史重任

人才培养是我国高等教育的根本任务。办好高等教育必须首先回答好"人才培养三问"，即怎样培养人、培养什么人、为谁培养人。高校作为培养高素质时代新人的重要阵地，必须从方法、效果和目的三个视角来牢牢把握这一根本性问题。我们要全面建成社会主义现代化强国，实现第二个百年奋斗目标，以中国式现代化全面推进中华民族伟大复兴，这些宏伟目标的实现均离不开人才。因此，新时代高校必须将培养德才兼备、全面发展的社会主义事业建设者和接班人作为根本任务。新时代赋予辅导员工作新内涵、新使命，辅导员作为高校深化"三全育人"综合改革、推动"五育并举"的主力军，承担着学生思想政治教育和日常管理等职责，肩负着促使学生全面发展和为国家和社

会输送合格人才的重要使命，担当着培养什么样的人、怎样培养人、为谁培养人的时代重任。在中国式现代化进程中，思想政治教育在凝心聚力、铸魂育人等方面发挥着积极的作用，在促进学生成长成才、全面发展道路上也一直充当着重要的角色。唯有建设一支师德高尚、业务精湛、结构合理、充满活力的辅导员队伍，才能准确把握新时代党的中心任务、新时代以人民为中心发展教育的理念、立德树人总体目标的新规定、人的全面发展理念的新内涵，才能全面贯彻党的教育方针，为中国特色社会主义事业培养奋斗终身的有用人才。高校要充分认识辅导员工作的重要性、辅导员队伍建设的紧迫性，在系统谋划、考核激励、培训交流、综合保障等方面着重发力，健全高校辅导员队伍建设的工作体系，努力为辅导员创设良好的生活、工作、学习环境和人文环境，加强高校辅导员队伍建设工作的专业性、规范性和创新性，不断提升辅导员业务能力和水平，着力打造一支高素质、专业化、职业化的辅导员队伍，肩负好"为党育人、为国育才"的神圣使命。

第二章

新时代高校辅导员队伍建设的理论基础

理论是实践的基础,实践是理论的来源。科学理论对社会实践具有能动的作用,错误理论对社会实践有误导与阻碍等消极作用。没有科学理论指导的实践是盲目的实践,无法产生预期的效果。高校辅导员队伍建设作为一种特殊的社会实践活动,更加需要充分发挥科学理论指导的强大优势。

一、马克思主义经典作家的相关理论

马克思主义经典作家创立了人的全面发展理论、社会分工理论、需要理论等相关理论。这些相关理论为新时代高校辅导员队伍建设提供了指导思想。

(一)人的全面发展理论

人的全面发展理论,既是马克思主义的基本原理之一,也是中国教育方针的理论基石。马克思以历史实践为基础,通过对资本主义的深刻批判来阐明人的全面发展理论,在许多经典著作中对人的全面发展理论进行过论述。在《1844年经济学哲学手稿》中,马克思以共产主义理论为基础第一次阐述了人的全面发展思想。马克思这里强调的人的全面发展,实质上是人的本质力量的展示和人的本质力量的发展。尽管马克思此时还没有提出较为系统的人的全面发展理论,但已有人的全面发展理论的萌芽。马克思在《关于费尔巴哈的提纲》中指出:人的本质不是单个人所固有的抽象性,在其现实性上,它是一切社会关系的总和。马克思从人的社会性角度重新界定了人的本质,用实践的观点深刻揭示了人的本质、社会生活的本质,对人的全面发展理论的形成具有重要意义。在《德意志意识形态》中,马克思指出:就个人自身来考察个人,个人是受分工支配的,分工使他成为片面的人,使他畸形发展,使他受到限制。马克思认为必须消灭这种资本主义旧的分工形式,打破分工给劳动者所带来的枷锁,真正实现个人的全面、自由发展。马克思在《哲学的贫困》中指出:当一切专门发展一旦停止,个人对普遍性的要求以及全面发展的趋势就开始显露出来。在《共产党宣言》中,马克思指出:代替那存在着阶级和阶级对立的资产阶级旧社会的,将是这样一个联合体,在那里,每个人的自由发展是一切人的自由发展的条件。这些重要论述为人的全面发展理论走向成熟奠定了扎实的基础。在《1857—1858年经济学手稿》中,基于人和社会的关系,马克思深入研究人在三大历史形态中的发展状况,指出只有共产主义社会才能满足人的各方面的需求。在《资本论》中,马克思指出:时间实际上是人的积极存在，它不仅是人的生命的尺度，而且是人的发展的空间。他把人的全面发展和人的自由时间联系起来，认为只有消灭私有制才能使人获得充足的个人自由时间，进而实现人的全面发展，是人的全面发展理论走向成熟的标志。综上所述，马克思关于人的全面发展理论主要包含以下内容：一方面，人的全面发展包括人的需求、能力、个性、社会关系和劳动实践等方面的发展。人的生存需要是人的发展需要的前提和基础，人的能力发展涵盖人的体力、智力、自然力和社会力等的发展。自由个性是表示人的个性发展的最高境界和人的发展的理想状态，人的全面发展是人的社会关系的全面发展，且人的发展的全面性取决于其所拥有的社会关系的全面性，要充分发挥劳动实践是造就全面发展的人的唯一方法。因此，从一般意义来看，人的全面发展是一种包括人的需求、能力、个性等方面协调发展的理想状态；从特殊意义来看，人的本质的丰富性、全面性取决于社会关系的丰富性、全面性，人的全面发展伴随着人的社会关系的全面发展而实现。另一方面，人的全面发展是一个由片面到全面的过程。马克思三大社会形态理论是马克思运用历史唯物主义揭示人类社会历史发展规律的重要理论，这一理论是人的全面发展理论的逻辑基础。马克思指出，人的依赖关系（起初完全是自然发生的），是最初的社会形态，在这种形态下，人的生产能力只是在狭窄的范围内和孤立的地点上发展着。以物的依赖性为基础的人的独立性，是第二大形态，在这种形态下，才形成普遍的社会物质变换、全面的关系、多方面的需求及全面的能力体系。建立在个人全面发展和他们共同的社会生产能力成为他们的社会财富这一基础上的自由个性，是第三个阶段。第二个阶段为第三个阶段创造条件。马克思指出实现个体的全面发展，是一种美好的理想，只有在第三种社会形态下才能实现真正意义上的人的全面发展。高校辅导员队伍建设的根本目的是通过提升辅导员的综合素质，推动思想政治教育质量的有效提升。通过人的全面发展理论来审视辅导员自身发展和确保高校辅导员队伍建设更为全面，更为系统，为辅导员队伍建设提供重要的理论依据。

（二）社会分工理论

社会分工一直都是人类社会关注的重点问题。社会分工理论在马克思主义理论体系中占据着十分重要的位置，恩格斯就曾指出：关于历史唯物主义本身的问题，从分工的观点来看问题最容易理解。对社会分工的研究贯穿于马克思主义经典著作当中。在《1844年经济学哲学手稿》中，马克思认为，劳动只是人的活动在外化范围内的表现，只是作为生命外化的生命表现，所以分工也无非是人的活动作为真正类活动或作为类存在物的人的活动的异化的、外化的设定。从人的活动的异化角度阐述了社会分工的本质，马克思认为社会分工是异化劳动下实现私有财产生产的手段和形式。在《德意志意识形态》中，马克思明晰了作为唯物史观的重要范畴——分工，阐明了分工与生产力、生产关系之间的联系，揭示了人类社会发展的客观规律。马克思指出：一个民族的生产力发展的水平，最明显地表现于该民族分工的发展程度。马克思在《哲学的贫困》中写道：当一切专门发展一旦停止，个人对普遍性的要求以及全面发展的趋势就开始显露出来。工厂消除着专业和职业的痴呆。此时的马克思已经开始深入生产机构内部考察分工对人的影响，赋予了人的发展以现实性基础。在《雇佣劳动与资本》中，马克思认为，因为资本家之间的竞争，分工不断地发展，以及机器不断地使用，劳动规模不断扩大，资本家不断使资本增殖，从而造成工人更恶劣的生存环境。从雇佣劳动与资本关系的角度进一步阐述了分工细化对工人的危害，增加了对资本主义生产关系的批判力度，深化了对社会分工与人的发展的认识。在《1861—1863年经济学手稿》中，马克思指出：分工是一种特殊的、有专业划分的、进一步发展的协作形式，是提高劳动生产力，在较短的劳动时间内完成同样的工作，从而缩短再生产劳动能力所必需的劳动时间和延长剩余劳动时间的有力手段。马克思在此仅把分工看作一种提高劳动生产力的生产协作方式。马克思在《资本论》中对分工进行了清晰的分类，单就劳动本身来说，可以把社会生产分为农业、工业等大类，叫作一般的分工；把这些生产大类分为种和亚种，叫作特殊的分工；把工厂内部的分工，叫作个别的分工。《资本论》虽然没有全篇专论分工，却构成了马克思分工思想的重要环节，它通过对机器大工业分工的考察，推动了社会分工思想走向成熟。高校思想政治教育作为对学生进行思想引领、政治教导、心理疏导和道德品质引导的教育，辅导员是思想政治工作者的主体部分和思想政治教育的主力军。高校辅导员制度的形成、发展和完善，是由中国特色社会主义大学最本质的属性决定的，并已成为中国特色高等教育制度的一个重要特色。它是与我国社会主义制度下的高等教育发展相适应的，是适合中国国情的，它的产生和发展都具有鲜明的中国特色，既是马克思主义理论同中国具体实际相结合的一个创新，也是我国高等教育发展的客观需要和社会分工的必然指向。马克思的社会分工理论将为分析我国高校辅导员的发展历程、职业特性、工作内容、工作要求、职责定位、发展规律等提供了科学的依据和研究方法，对于推动辅导员队伍的专业化、职业化和专家化建设产生了重要的指导意义。

(三) 需要理论

需要理论是马克思主义理论的重要组成部分。人的发展是马克思一生始终关注的问题，人的需要与人的发展是密切相关的，马克思对需要问题的研究是伴随着对资本主义社会现实的批判而展开的。《莱茵报》时期是需要理论的萌芽时期，在《关于出版自由和公布等级会议记录的辩论》中，马克思认为新闻出版自由是必需的，是他所需要的，没有它的存在，他的生活就不可能充实、美满。可见，马克思在情感上开始同情和关注贫苦的劳动人民，对劳动人民给予了极大的关注。马克思于1844年发表在《德法年鉴》上的《〈黑格尔法哲学批判〉导言》《论犹太人问题》两篇文章，开始从现实的经济社会中去分析人类社会实际需要和物质利益问题，找寻人类真正的解放。例如，在《〈黑格尔法哲学批判〉导言》中，马克思认为，如果不是由于自己的直接地位，由于物质需要，由于自己的锁链本身的强迫，是不会有普遍解放的需要和能力的。在脱离物质需要的基础上空谈革命，是无法实现人类解放的。马克思的需要理论基本形成主要体现在《1844年经济学哲学手稿》创作时期。除基本生存需要之外，马克思认为，人还有合乎自身发展的多样化需要。在《德意志意识形态》中，马克思认为，人们为了能够创造历史，必须能够生活。但是为了生活，首先就需要吃喝住穿以及其他一些东西。已经得到满足的第一个需要本身、满足需要的活动和已经获得的为满足需要而用的工具又引起新的需要。马克思从现实的人的基础上来分析社会中真正的需要问题，把人的"需要"概念纳入唯物史观的研究范畴。在《哲学的贫困》《共产党宣言》《1857—1858年经济学手稿》《〈政治经济学批判〉导言》等著作中，马克思提出，没有需要，就没有生产。必要的需要就是本身归结为自然主体的那种个人的需要。马克思在政治经济学研究期间对人的需要问题进行深层次的剖析和探究，使得马克思的需要理论更加丰富和完善。综上所述，需要理论包含以下主要内容：首先，人的需要是多层次的。人的需要分为物质、精神和发展需要，这体现了层层递进的逻辑关系。物质需要是人类所有需要中最基础的需要，层次也是最低的；精神需要是人的需要区别于动物的需要的主要标志，是更高层次的需要；发展需要是最高层次的需要，是人类在实践中挖掘自身潜力、实现自我价值的需要。其次，人的需要是人的一切活动的动力源泉。生产劳动作为人类最基本的实践活动，是人类满足自身需要的途径和手段。就需要而言，人和动物的本质区别在于，人是在劳动中不断产生和满足自己的需要的，而动物只是依赖现成的天然物来满足需要。人的需要是客观基础和主观能动的统一。因此，认识人的需要，要注重现实基础及实践的作用。最后，人的需要具有社会历史性。人的需要不是一成不变的，受到社会环境、社会生产力等因素的影响，也会随着时代的发展而不断变化。随着人类认识世界、改造世界能力的提升，人的需要一旦满足，就会产生新的需要。高校思想政治教育工作从根本上说是做人的工作，就是为了回答好"培养什么人、怎样培养人、为谁培养人"这些根本问题，而高校辅导员队伍建设的目的是提高辅导员的整体素质。它的前提条件是要了解党和国家对人才培养的具体要求，帮助辅导员释疑解惑，及时回应辅导员在成长中所遇到的现实困惑和具体难题，满足其需求和期待，从而提升他们的职业素质和能力，培养高素质、专业化、创新型教师队伍。因此，从某种意义上说，推动高校辅导员队伍建设工作，正是源于辅导员、家庭、高校、社会、党和政府的需要。尽管现在的时代环境已经与马克思所处的时代环境有诸多不同，但是需要理论在当今社会依然焕发蓬勃生机，对于指导高校辅导员队伍建设无疑具有重要的理论和实践价值。

二、中国共产党人对教师队伍建设理论的创新发展

在党的长期奋斗历程中，以毛泽东、邓小平、江泽民、胡锦涛和习近平同志为主要代表的中国共产党人高度重视教师工作，把教师队伍建设作为教育事业发展最重要的基础工作来抓，取得了举世瞩目的重大成就，积累了宝贵的经验。

（一）毛泽东关于教师队伍建设方面的理论

毛泽东同志作为伟大的马克思主义者和无产阶级革命家、战略家、理论家，一直对教师职业情有独钟。他喜欢教师职业，曾在小学担任历史教员，他对教师及教育工作的重要论述成为高校辅导员队伍建设的根本理论。中华人民共和国成立后，中央着手推动教师的思想改造工作，展开批评和自我批评，进一步整顿了教师队伍。毛泽东在《在普通教育工作座谈会上的讲话》（1957年）中指出：在学校中要提倡一种空气，教师与学生同甘共苦，一起办好学校，构建师生交往、进取互动、同甘共苦、共同发展的师生发展共同体是教师队伍建设的重要路径。在谈到要加强学校政治思想教育时，毛泽东指出党委应

当指导青年的思想，指导教师的思想。思想的重要性不可替代。党委要负责学校学生和教师思想政治工作，要以正确的思想推动教师自身发展、成才及实现自我价值。在《工作方法（草案）》中，毛泽东强调，还可以由学生和教师同当地的工厂签订参加劳动的合同。农业学校除在自己的农场进行生产外，还可以同当地的农业合作社签订参加劳动的合同，并且派教师住到合作社去，使理论和实践结合。党历来强调教师在工作中要做到理论与实践相结合。这既是我党的优良作风，也是一种科学的工作方法，更是促进教师队伍发展的重要路径。在《学习马克思主义的认识论和辩证法》中，毛泽东强调，力量的来源就是人民群众。不反映人民群众的要求，哪一个人也不行。要从人民群众那里学到知识，制定政策，然后再去教育人民群众。所以要当先生，就得先当学生，没有一个教师不是先当过学生的。而且就是当了教师之后，也还要向人民群众学习，了解自己学生的情况。毛泽东同志强调教师要密切联系群众，人民群众就是最好的老师，要虚心向人民群众学习，依靠人民群众来推动教师成长。毛泽东同志关于教师队伍建设方面的思想十分丰富，有力地推动了新民主主义革命时期、社会主义革命和建设时期的高校教师队伍建设。

（二）邓小平关于教师队伍建设方面的理论

1978年12月党的十一届三中全会以来，以邓小平同志为主要代表的中国共产党人带领全国各族人民，探索和开辟出一条中国特色社会主义教育发展道路，形成了内容丰富、内涵深刻的邓小平教师队伍建设理论。邓小平同志历来强调尊师重教。1978年，邓小平同志在全国教育工作会议上强调，一个学校能不能为社会主义建设培养合格人才，培养德智体全面发展、有社会主义觉悟的有文化的劳动者，关键在教师。强调要尊重教师的劳动，提升教师的质量。要提高教师的政治和社会地位，改善教师的工作条件和提高教师的工作待遇，充分发挥教师在社会主义教育事业中的关键作用，要调动教育战线的积极性，就要解决教师的地位问题。重视教育，发展教育，就必须建立一支具有较高政治觉悟和业务水平的教师队伍。教师是人类灵魂的工程师，应该受到全社会的尊敬。要树立尊师重教的良好风气，不断改善教师的办公条件，为教师创造良好的环境。邓小平指出，要调动科学和教育工作者的积极性，光空讲不行，还要给他们创造条件，切切实实地帮助他们解决一些具体问题。要提高教师的水平，尤其要加强师资培训工作，并将其列入计划任务。邓小平强调，要请一些好的教师当导师，同时要从包括政治思想水平、业务工作能力及改进作风等方面来提高教师的水平。师范教育是培养教师的教育,是教师队伍的源头活水。师范教育应集中精力做好教师教育工作,为高校培养更多的优质教师。要支持并鼓励科研、教育等部门人员相互流动和交流互动。邓小平强调:要加强学校的教师队伍,科研系统有的人可以调出来搞教育,支援教育。邓小平同志十分关心教师队伍的建设,关心教师素质的提高。他强调要确实保证教师的教学活动时间,要关心他们的政治生活、工作条件和业务学习。对于在教学工作中做出突出贡献的教师,应该给予表扬和奖励。要采取切实有效的措施来大力培训师资,比如,充分利用广播、电视,举办各种训练班、进修班等。在新的历史条件下,邓小平高度重视教师队伍建设,提出了一系列关于教师队伍建设的重要思想,这些重要思想助推了对高校辅导员队伍建设的研究。

(三) 江泽民关于教师队伍建设方面的理论

从党的十四大以来,江泽民同志继承和发展毛泽东、邓小平关于教师队伍建设的思想,科学分析教师队伍发展面临的新情况、新问题,提出了一系列新的思想,形成了江泽民教育思想。要落实教育优先发展的战略地位,要求在全党全社会形成和保持尊师重教的良好风气。江泽民强调,振兴民族的希望在教育,振兴教育的希望在教师。教师是人类灵魂的工程师。这个职业是崇高而又艰辛的,应该受到全党全社会的尊敬。同时,要求包括高级领导干部在内的各级领导干部带头尊师重教,并要求各个部门各条战线各行各业都要满腔热情、积极主动地关心和支持教育工作,尊重教师的劳动,使我们中华民族尊师重教的优良传统发扬光大。同时,要求认真贯彻执行《中华人民共和国教师法》,切实保障教师的合法权益,尤其要克服拖欠教师工资的现象,为教师队伍创造工作、学习、生活的必要条件。教师队伍建设关系到学校的教育与发展,更关系到育人质量,要采取一系列行之有效的措施来优化教师队伍结构和提高教师队伍素质。江泽民强调,一些地方、一些学校教师队伍过大,对其中那些学业上、思想政治上都不合格的人,必须果断地调整出去;对于其知识水平满足不了教学需要的,要及时加以培训和提高。要求教师队伍在思想政治上、道德品质上、学识学风上全面以身作则,自觉率先垂范,这样才能真正为人师表。通过采取这些措施,有力地加强了教师队伍建设。江泽民同志强调,各级党委、政府要关心教师的工作和生活,千方百计地为教师办实事、办好事,尊重教师的劳动。江泽民关于教师队伍建设方面的思想,为高校辅导员队伍建设提供了依据。

(四) 胡锦涛关于教师队伍建设方面的理论

胡锦涛同志同毛泽东、邓小平、江泽民同志关于教师队伍建设的重要思想是一脉相承的，他提出了一系列有关教师队伍建设方面的新思想，实现了马克思主义思想政治教育理论与21世纪我国高校教师队伍建设实践的深刻融合，为促进21世纪高校教师队伍建设高质量发展提供了行动指南。胡锦涛同志高度重视教师队伍建设工作，他强调要把加强教师队伍建设作为教育事业发展最重要的基础工作来抓，通过维护权益、改善待遇、加强培训、关心身心健康、落实绩效工资、完善社会保障和优化师资结构、健全教师管理制度等有力措施来造就高素质的教师队伍。就尊师重教而言，胡锦涛同志明确提出了"三个必须"，即必须高度重视和切实加强教师队伍建设，必须吸引和鼓励优秀人才从事教育工作，必须形成尊师重教的良好社会风气，这就从保障教师的地位、维护教师的权益、提高教师的待遇等方面提出了要求，让教师工作真正成为受社会尊重和令人羡慕的职业，对形成尊师重教的良好社会氛围起到了积极的推动作用。通过制定切实可行的政策，改革和完善教师管理、资格准入、考核评价等制度，合理配置教师资源，培养、培训和管理好教师队伍，吸引和鼓励更多优秀人才从事育人工作；通过弘扬尊师重教的优良传统、宣传优秀教师的先进事迹，来营造尊师重教的良好社会风气；通过改善教师的工作、学习、生活条件，为教师教书育人创造良好的环境。就师资储备人才培育工作，要积极办好各类师范院校，切实加强师资队伍建设。就教师自身而言，广大教师自身要做到爱岗敬业、关爱学生、刻苦钻研、严谨笃学、勇于创新、奋发进取、淡泊名利、志存高远。同时，胡锦涛同志还强调，要加强学习领导者、管理者队伍建设，加强辅导员、班主任队伍建设，提高队伍的整体素质。这些重要的论述，切实推动了高校辅导员队伍建设，也为新时代高校辅导员队伍建设高质量发展提供了理论依据。

(五) 习近平关于教师队伍建设方面的理论

党的十八大以来，以习近平同志为核心的党中央坚持将教育摆在优先发展的战略地位，就大力加强教师队伍建设提出了一系列新理念、新思想、新观点，丰富和发展了马克思主义教育理论的内涵。习近平总书记高度重视教师队伍建设，强调教师是立教之本、兴教之源。习近平指出："强教必先强师。要把加强教师队伍建设作为建设教育强国最重要的基础工作来抓，健全中国特色教师教育体系，大力培养造就一支师德高尚、业务精湛、结构合理、充满活力的高素质专业化教师队伍。"[1] 他强调，我国要建设社会主义现代化强国，关键是建设一支高素质专业化教师队伍，并且对教师队伍建设提出新的更高要求，提升教师素质，改善教师待遇，关心教师健康，维护教师权益，充分信任、紧紧依靠广大教师，支持优秀人才长期从教、终身从教。全党全社会要弘扬尊师重教的社会风尚，努力提高教师政治地位、社会地位、职业地位，让广大教师享有应有的社会声望，在教书育人岗位上为党和人民事业做出新的更大的贡献。同时，他要求通过加大对教师队伍建设的投入来不断提高教师待遇。习近平号召全国广大教师做"四有"好老师，培养造就一支师德高尚、业务精湛、结构合理、充满活力的高素质专业化教师队伍。为了保证思想政治工作队伍后继有人、源源不断，习近平同志强调，要整体推进高校党政干部和共青团干部、思想政治理论课教师和哲学社会科学课教师、辅导员班主任和心理咨询教师等队伍建设。师德师风建设是教师队伍建设的重中之重，是全面贯彻党的教育方针的根本保证，是办人民满意教育的关键。习近平同志指出："评价教师队伍素质的第一标准应该是师德师风。师德师风建设应该是每一所学校常抓不懈的工作，既要有严格的制度规定，也要有日常教育督导。"[2] 这些重要论述，成为新时代高校辅导员队伍建设的根本依据。

三、相关理论对高校辅导员队伍建设的借鉴价值和启发意义

赫茨伯格双因素理论、马斯洛需求层次理论等对高校辅导员队伍建设有着一定的借鉴价值与启发意义。

（一）赫茨伯格双因素理论

双因素理论亦称"激励—保健理论"，是美国的行为科学家弗雷德里克·赫茨伯格在1959年提出来的；赫茨伯格从"满意"和"不满意"两个维度出发，将企业员工满意度的因素划分为保健因素和激励因素两大范畴。他指出：

---

〔1〕习近平在中共中央政治局第五次集体学习时强调加快建设教育强国 为中华民族伟大复兴提供有力支撑 [EB/OL].（2023-05-30）[2023-07-20]. http：//jhsjk.people.cn/article/40001818.

〔2〕习近平在北京大学师生座谈会上的讲话 [EB/OL].（2018-05-03）[2023-07-20]. http：//jhsjk.people.cn/article/29961631.

保健因素指的是工作环境，即外界因素等，诸如组织政策、工作条件、人际关系、地位、安全和生活条件等，这些因素如果得到了满足，那么人们就会消除不满，但如果得不到满足，则会招致不满。激励因素则是指使职工感到满意的因素，多属于工作本身，诸如成就、认可、晋升、工作中的成长、责任感等，这些东西如果能得到满足，使职工感到满意，就可激发员工的工作热情。如果不能得到满足，则员工感到不满意，员工的工作热情就会减少。他得出的结论是，工作满意因素和工作不满意因素不是对立的，消除不满意的因素并非一定会产生满意，而增加工作满意度的因素也不会消除工作的不满。双因素理论对高校辅导员队伍建设提供了有效的借鉴。高校行政管理体制、管理措施、教育督导、工资福利、岗位津贴、人际关系、工作环境等因素与辅导员工作环境密不可分，极易引发辅导员不满。辅导员培训、研修深造、晋升空间等因素能激发辅导员工作的内在驱动力，培养自主意识，激发工作热情。因此，高校辅导员队伍建设要充分加强双因素理论在实践中的具体运用，充分考虑并认识到保健因素和激励因素的作用，运用科学、有效的激励措施，妥善处理好保健因素和激励因素的关系，以求达到最佳的效果。在进行高校辅导员队伍建设时，要不断改善保健因素，尤其要注意物质利益、工作条件、工作安排等外部因素对辅导员的影响，要调动辅导员工作积极性，以防止辅导员产生不满情绪；同时，要对辅导员进行鼓励，给予表扬和认可，并提供其成长和发展的空间，增强辅导员的归属感、自豪感和责任感，激发辅导员队伍的内生动力。

（二）马斯洛需求层次理论

马斯洛需求层次理论是由美国心理学家亚伯拉罕·马斯洛于1943年在《人类激励理论》中提出的，马斯洛将人类需求由低到高按层次划分为生理需求、社交需求、安全需求、尊重需求和自我实现需求五种需求。低层次的需求满足是高一层次需求产生的基础与前提，前后层次的需求之间存在重叠性，不同层次的需求存在满足时间的差异，满足方式差异程度与需求层次高低正相关。马斯洛需求层次理论具有重要的参考价值，为新时代推动高校辅导员队伍建设提供了实践的路径。辅导员作为高校教师队伍的重要组成部分，是思想政治工作的骨干力量，始终扮演着教育者、管理者和服务者的三重角色，借鉴马斯洛需求层次理论，可满足辅导员不同层次的需求，从而提高辅导员的工作积极性、主动性和创造性，推动辅导员队伍持续、健康发展。

第三章

新时代高校辅导员队伍建设的历史考察

中国共产党走过了一百年的历程。习近平总书记指出："我们党的一百年，是矢志践行初心使命的一百年，是筚路蓝缕奠基立业的一百年，是创造辉煌开辟未来的一百年。"〔1〕从建党之初到新时代，党所领导的高校辅导员队伍建设也经历了一百年。一百年来，我国高校辅导员队伍建设经历了发轫期、转变发展与曲折期、科学建构期三个发展阶段，取得了历史性成就，积累了宝贵的历史经验，也有过深刻的历史教训。以建党百年发展历史的纵深视野，对我国高校辅导员队伍建设的历史演进及其时代特征加以审慎的考察和研究，梳理辅导员队伍建设的发展历程、时代特征、经验启示，总结经验教训，继承优良传统，对创新高校辅导员队伍建设机制，加强和改进高校思想政治教育具有重要的学术价值和现实意义。

一、高校辅导员队伍建设的发展历程

我国高校辅导员制度的形成、发展和完善，既促进了辅导员队伍专业化、职业化建设，又推动了思想政治教育的组织化、制度化。高校辅导员队伍建设伴随着辅导员制度的变迁和发展而不断进行。当前我国思想政治教育理论界基于各自的视角和立场对高校辅导员队伍建设发展阶段进行划分，分别有冯刚四阶段论（从1924年的黄埔军校至今分为萌芽、确立、发展和新的发展四个阶段）、陈翠荣五阶段论（从中华人民共和国成立至今分为确立、低潮、恢复、改革、发展阶段）、张立兴六阶段论（从中华人民共和国成立至今分为孕育、确立、惨遭破坏、逐渐恢复、建设加强和进一步完善阶段）等，对于高校辅导员队伍建设研究具有重要的借鉴意义与参考价值。高校辅导员队伍建设是在党的领导下，随着党的壮大发展、国家事业的建设推进而持续深入发展的，根据建党以来的不同历史时期来划分，高校辅导员队伍建设分别经历了新民主主义革命时期、社会主义革命和建设时期、改革开放和社会主义现代化建设新时期三个阶段。

（一）新民主主义革命时期：高校辅导员队伍建设的发轫期（1921—1949年）

1917年十月革命的胜利使中国认识了马克思主义，中国人民从此找到了

---

〔1〕 在党史学习教育动员大会上的讲话［EB/OL］．（2021-03-31）［2023-07-20］．http://jhsjk.people.cn/article/32066280．

救国救民的理论武器。马克思主义在中国的传播速度日益加快，规模日益扩大，一大批中国先进知识分子积极研究、传播马克思主义，并做坚定的马克思主义者。这些具有对马克思主义坚定信仰、对社会主义和共产主义坚定信念的马克思主义先驱者，在群众中开展阶级意识启蒙，传播马克思主义，既促进了中国革命事业的发展，又积累了丰富的实践经验。以陈独秀、李大钊为代表的一批知识分子深刻认识到重视在青年尤其是在青年学生中传播马克思主义并培养青年马克思主义者的重要性、必要性和紧迫性，他们率先垂范并肩负起引领青年学生成为改造社会的践行者的历史重任。

辅导员起源于"政治辅导员"这一名称，关于它的前身至今仍然众说纷纭。大众比较认可的说法是政治指导员来源于黄埔军校时期的政治工作制度。成立于1924年的黄埔军校是在第一次国共合作时期孙中山在苏联和中国共产党帮助下创办的以培养和教习革命骨干为目的的军校，开创了我国军校史上政治教育制度的先河。若从辅导员制度形态来溯源，黄埔军校所建立的一套完整的思想政治教育制度可以被视为高校辅导员制度的萌芽，中华人民共和国成立后的高校辅导员制度从运行方法、教育模式、教育理念等方面均继承了黄埔军校重视政治思想教育的传统。黄埔军校建立后，对组织结构进行了调整和充实，通过设政治指导员，设立党代表，成立负责政治工作的政治部等来健全政治工作制度，并实施全面的政治教育，不断完善政治教育实施方案，逐步形成较为成熟的组织和制度，成为中国共产党进行思想政治教育的第一方"试验田"。黄埔军校的政治教育为中国的民族独立和解放培养了大批非常优秀的军事人才，也极大地推动了中国近代革命事业的发展。

南昌起义、秋收起义、广州起义三大起义之后，党领导的人民军队不断发展壮大，政治指导制度开始以政治工作条例的形式广泛而全面地存在于中国工农红军的建设工作中。为进一步加强军队的思想政治教育工作，在军、师两级设党代表，在团、营、连三级设立政治指导员，在起义的军队中设立党的组织，夯实了思想政治教育基础。鉴于当时起义部队人员思想混乱、组织不健全的状况，毛泽东对起义部队进行了"三湾改编"，对军队实行政治、思想、组织的全面领导并开展具体的思想政治工作，为党在革命和建设时期开展思想政治教育积累了丰富的实践经验。从功能上看，"三湾改编"所制定的党代表制度就是设立政治指导员。红军中的党代表自1929年起改称政治委员，连的政治委员自1931年起改称为政治指导员。为了进一步规范当时红军的思想政治教育工作，党相继颁布了《党代表工作大纲》《中国工农红军政治工作暂行条例（草案）》等文件，对党代表和政治指导员的政治地位、工作职责和工作任务等进行了明确的规定。在红军部队推行政治指导员制度的同时，党领导的军队院校也开始实施政治指导员制度。从中国工农红军大学，到中国抗日红军大学，再到1937年又迁至陕北延安并再次更名为中国人民抗日军事政治大学（以下简称"抗大"），始终以培养具有高度的政治觉悟、先进的军事思想、良好的军事素质和高超的作战能力的军事干部为根本目标。1939年，中共中央军事委员会在《关于整理抗大问题的指示》中强调，学校一切工作都是为了转变学生的思想。政治教育是中心的一环，课目不宜过多，阶级教育、党的教育与工作必须大大加强。为了更好地开展思想政治工作，抗大继续采用过去军校的思想政治工作体制，由政治部具体负责开展思想政治工作，通过给大队配备政治委员、支队配备政治协理员、中队配备政治指导员来全面负责基层学员的思想、学习、生活等工作，当时政治指导员的工作模式和内容与现如今的高校辅导员职能和工作内容相差无几。抗日战争爆发后，党中央还创办了东北军事政治大学、西北军事政治大学、华北军事政治大学等一大批高校，这些高校积极实施政治指导员制度。政治指导员制度是新民主主义革命时期我党对军队所进行的制度创新，是确保我军听党指挥和完成各项任务的重要制度保障，是以毛泽东同志为主要代表的中国共产党人把马克思主义理论和中国革命实践相结合的结果。这一时期对政治指导员的职责范围、工作内容、人员配备等方面进行了规定，促进了政治指导员队伍的形成和发展，对中华人民共和国成立后我国高校辅导员制度的产生和发展提供了重要的参考依据和宝贵经验，被视为高校辅导员制度的萌芽和雏形。

（二）社会主义革命和建设时期：高校辅导员队伍建设的转变发展与曲折期（1949—1978年）

社会主义革命和建设时期主要指1949年中华人民共和国成立至1978年党的十一届三中全会召开的这一段历史时期。中华人民共和国的成立在中国历史上具有伟大的里程碑意义，标志着中国人从此站起来了，中国人民从此把命运牢牢掌握在自己手中，中华民族的发展从此开启了新的历史纪元。以1978年党的十一届三中全会召开为标志，我国拉开了改革开放的帷幕，开启了我国经济社会发展的历史新时期。执掌全国政权的中国共产党实现了从革命党到执政党的角色转型。高校思想政治教育工作取得了巨大的成就，在提升辅导员队伍素质和整体工作水平等方面取得了显著的成效。党始终将高校辅导员队伍建设作为加强和改进学生思想政治教育的重要抓手，不断完善体制和机制，强化队伍管理，创新工作形式，提升辅导员职业化、专业化建设，提高思想政治工作科学化水平。根据这一时期的高校辅导员队伍建设发展历程，还可以划分为以下四个阶段。

（1）除旧布新阶段：高校辅导员队伍建设探索的孕育时期（1949—1956年）

中华人民共和国成立后，亟须培养一大批高素质、能够担当重任、经得起风浪考验的社会主义事业建设者。高校开始着手建设一支高素质的高校思想政治工作队伍，为进一步加强和改进学生思想政治工作奠定坚实的基础。在借鉴苏联经验和继承抗大政治指导员制度的优良传统的基础上，结合当时具体国情和高校教育发展实际，中华人民共和国成立后的高校继续保持并发展了政治指导员制度。1950年10月，教育部发布的《关于加强对学生政治思想的教育的领导的指示》，各地高校纷纷组建专门的思想政治工作队伍。1951年，教育部颁布的《关于全国工学院调整方案的报告》规定，要各工学院有准备地试行政治辅导员制度，设立专人担任各级政治辅导员，主持政治学习、思想改造工作。这为我国高校政治辅导员制度的孕育和诞生播下了希望的种子，更为其形成与发展奠定了坚实的基础。1952年10月，教育部出台的《关于在高等学校有重点地试行政治工作制度的指示》明确要求，在高等学校重点试行政治工作制度，设立政治辅导处并配备辅导员。该文件对工作内容、工作量、工作方式、职责范围做出了基本规定，有力地促进了新时期高校辅导员制度的建立和思想政治工作队伍的建设。20世纪50年代，在全国范围内开展了一场大规模、长达数年的高校院系调整，高校大规模的扩招造成了在校学生人数急剧上升与思想政治工作人员数量不足的矛盾。这是每所高校开展思想政治教育所必须面对的现实问题，清华大学也不例外，学校甚至没有一个专门从事思想政治工作的干部，全校只有10来个专职的党团干部，其中包括领导干部和一些专职做党的工作的干部。为全面加强学生思想政治工作的力度，1953年清华大学校长蒋南翔创造性地提出了"双肩挑"政治辅导员制度，可以归纳为"一人"（优秀学生）、"双肩"（一肩"挑"业务学习、一肩"挑"思想政治教育）、"两身份"（学生身份、"准教师"身份）、"两促进"（促进优秀学生自身、低年级学生共同成长），开启了我国正式的辅导员制度的先河。它是中国高等教育制度的一项创举，进一步加快了我国高校辅导员队伍建设的进程。在推动辅导员制度建立与发展的过程中发挥着示范引领作用，各地高校基本上都采用"双肩挑"的形式并陆续配备了一定数量的政治辅导员，迄今为止，"双肩挑"政治辅导员制度在辅导员队伍建设方面依然具有重要的启发意义和借鉴价值。为加强党在高校中的政治工作，1955年党中央发布《关于配备高等学校政治工作干部的指示》，分别从政工领导骨干配齐、一般政工干部配齐、集中培训学习、不轻易调动和经验总结五个方面来强化高校辅导员队伍建设，明确为高校配备一批质量较好的政治工作干部并对其补充来源、编制比例等做出了详细的规定。从1949年到1956年，根据党的事业发展的需要和党的中心工作的要求及当时政治形势的需要，全国高校在党和政府的引导下相继建立了政治辅导处并配备了一定数量的政治辅导员。然而，在这一时期各高校辅导员队伍构成基本上以兼职的"双肩挑"为主，以专职工作人员为辅。此时的辅导员并非严格意义上的独立性很强的职业群体，更像是临时性、辅助性或者替代性的工作人员，其角色定位多以具有鲜明的社会主义特色和意识形态的"政治领路人"的单一身份为主。虽然这一时期高校辅导员队伍建设尚没有建立统一有效、内容明确的规章制度和科学严谨、规范有序的管理体系，多数高校对辅导员内部制度与运行机制的建设尚在探索期，但是辅导员作为高校育人工作的新生事物与教师队伍的新鲜力量，显露出勃勃生机。

（2）初创确立阶段：高校辅导员队伍建设探索的形成时期（1956—1966年）

到1956年年底，随着社会主义改造的基本完成，我国已经顺利地完成了从新民主主义到社会主义的过渡，标志着我国实现了从新民主主义向社会主义的转变。中华人民共和国成立初期，高校辅导员制度的服务宗旨、任务、目的、职责、工作内容及方法等越来越不能适应快速变化的社会发展需求，高校思想政治教育作用没有得到有效的发挥，也没有取得应有的教育效果。毛泽东同志指出，过去的思想改造是必要的，收到了积极的效果。但是在做法上有些粗糙，伤了一些人，这是不好的。这个缺点，今后必须避免。针对当时国内高校思想政治教育面临的形势分析，毛泽东同志于1957年2月27日在最高国务会议第十一次（扩大）会议上做的《关于正确处理人民内部矛盾的问题》报告中强调，在知识分子和青年学生中间，最近一个时期，思想政治工作减弱了，出现了一些偏向。在一些人的眼中，好像什么政治，什么祖国的前途、人类的理想，都没有关心的必要。好像马克思主义行时了一阵，现在就不那么行时了。针对着这种情况，现在需要加强思想政治工作。不论是知识分子，还是青年学生，都应该努力学习。除学习专业之外，在思想上要有所进步，政治上也要有所进步，这就需要学习马克思主义，学习时事政治。没有正确的政治观点，就等于没有灵魂。同时，他还强调加强思想政治工作，各个部门都要负责任。共产党应该管，青年团应该管，政府主管部门应该管，学校的校长教师更应该管。为进一步加强和改进高校思想政治教育，1958年9月，中共中央、国务院在颁布的《关于教育工作的指示》中就明确指出，应当配备党员去做学校的行政工作、政治思想工作和生产管理工作，配备党员去领导年级和班级，并要求党委书记、党委委员担任学生政治课的教学工作。可见，在这一时期，党和国家开始重视高校辅导员的思想政治理论素质。在高校设置专职辅导员已经从高校的自主行为转变成了党和国家的统一思想、统一意志、统一行动，进一步加强和改进辅导员队伍建设已经成为一项长期性、全局性、战略性的重大政治任务，更是做好高校思想政治教育的重中之重。1961年9月，中共中央政治局常委扩大会议讨论批准了《教育部直属高等学校暂行工作条例（草案）》。其中第五十条规定：为了加强政治思想工作，在一、二年级设政治辅导员或班主任，从专职的党政干部、政治理论课教师和其他青年教师中挑选有一定政治工作经验的人担任。同时要逐步培养和配备一批专职的政治辅导员。这是第一次在中共中央文件中正式提出要在高校设置专职的政治辅导员。1964年6月，中共中央批准了《关于加强高等学校政治工作和建设政治工作机构试点问题的报告》。该报告建议：平均每一百名学生至少配备一名专职政工干部，在两三年内配齐班级的专职政工干部，干部主要从高校优秀毕业生中选留解决。对机构设立、编制管理等事项进行了明确，不断创新和完善了高校辅导员队伍建设的工作体制，高校政治辅导员队伍建设由此进入了关键的快速发展期。实践表明，通过配置专职的政治辅导员，大大提升了辅导员队伍建设的战斗力，推动了辅导员队伍建设高质量发展，加强和改进了新形势下学生的思想政治工作。1965年3月，高等教育部政治部发出通知，要求各直属高等学校，迅速建立政治部，大力充实政治工作干部队伍，并且对编制、干部来源也做了明确的规定。同年8月，颁布《中华人民共和国高等教育政治工作条例（草案）》，明确要求，在各级高等教育机构设立政治机关，即高教部和各高校设政治部，系、处设政治处或配备专职的政治协理员，教研室配备专职或兼职的政治指导员，学生班级配备政治辅导员。同年8月20日，教育部出台了《高等学校班级政治辅导员工作条例（草案）》，对政治辅导员的身份地位、工作性质、选拔标准、工作内容、福利待遇等做出了明确的规定。这是中华人民共和国成立以来首个专门讨论政治辅导员工作的文件，标志着我国高校政治辅导员制度历经多年的实践探索而正式确立，预示着高校辅导员队伍建设步入了制度化、规范化和专职化之路，大大突破了高校辅导员队伍建设的制度瓶颈，提高了思想政治教育的有效性。从 1956 年到 1965 年，全国各类高校普遍建立起一支以"双肩挑"为主、以专职为辅的政治辅导员队伍，培养了一批辅导员骨干人才，加速了高校政治辅导员队伍建设。在这一时期，高校思想政治教育逐步受到"以阶级斗争为纲"的"左"的思想路线的影响，政治性是高校辅导员制度除服务性、社会性之外的重要要求，"政治强"是对辅导员工作能力提出的首要要求，"讲政治"是辅导员落实好各项工作职责的关键着眼点和落脚点。

（3）重大挫折阶段：高校辅导员队伍建设探索的波折与停滞时期（1966—1976 年）

"文化大革命"（以下简称"文革"）期间，高等教育事业的发展遇到了重大挫折，各类高校基本停课，正常的教学秩序完全被打乱，教学计划被迫停止，原有的教育思想、教育路线等无法发挥作用。高校思想政治教育偏离原有的运行轨迹甚至被迫停止，我国高校辅导员制度的发展遭遇了重大挫折，辅导员队伍建设受到了严重冲击，辅导员落入了无组织管理的混乱局面。许多高校的政工干部、政治辅导员无本职工作可干，高校思想政治教育工作队伍被工人宣传队、军队宣传队所代替而被遣散，思想政治教育实际处于停滞、瘫痪的状态。尽管在"文革"后期部分高校开始选派政治条件好的青年干部和教师负责学生的思想政治工作，国家又重新恢复政治辅导员制度；但是深受当时"左"的思想路线的影响，高校思想政治工作者和辅导员未能发挥正确的导向作用。

（4）恢复回归阶段：高校辅导员队伍建设探索的恢复时期（1976—1978 年）

1976 年，"文革"结束。1977 年 8 月初，邓小平在科学和教育工作座谈会上就教育制度和教育质量问题指出，要下决心恢复从高中毕业生中直接招考学生，不要再搞群众推荐。他力排众议并恢复了中断 10 年的高考制度，从而使教育战线成为当时全国各条战线拨乱反正的先声。高校思想政治教育开始重入正轨，高校辅导员队伍建设迅速得以恢复与重建。"文革"期间，大多数政治辅导员已经转岗、离岗、降职，甚至被辞退，思想政治教育有效性大打折扣。尽管高校辅导员制度的恢复与发展绝非易事，但是在党中央的领导和思想政治教育的有力推动下，高校辅导员制度建设开始逐步恢复。有人认为辅导员工作就是"假大空"说教，不需要真才实学。这些错误思想违背了思想政治工作的客观规律，严重损害了思想政治工作和辅导员的形象与声誉，造成了辅导员队伍人员流失、队伍不稳定及辅导员干劲不大、消极懈怠，思想政治教育成效无法保障。因此，如何选好人、如何留住人成为这一时期高校辅导员队伍建设所面临的现实问题。

(三) 改革开放和社会主义现代化建设新时期：高校辅导员队伍建设的科学建构期（1978—2012年）

1978年召开的党的十一届三中全会，是中华人民共和国成立以来党的历史上具有深远意义的伟大转折。党的十一届三中全会后，高校思想政治教育和辅导员队伍建设迈上了新台阶，但包括高校辅导员队伍建设等在内的高校思想政治教育依然存在薄弱环节，无法适应新时期的新任务、新要求，高校强化辅导员队伍建设亟须摆在更加重要的位置。这一时期的高校辅导员队伍建设探索经历了四个阶段。

(1) 恢复重构阶段：高校辅导员队伍建设的探究发展时期（1978—1989年）

邓小平指出，我们政治工作的根本的任务、根本的内容没有变，我们的优良传统也还是那一些。但是，时间不同了，条件不同了，对象不同了，因此解决问题的方法也不同。"文革"后高校思想政治教育工作环境发生了变化，对辅导员的要求也发生了很大的变化。1978年6月23日，邓小平在听清华大学工作汇报时称赞该校的思想政治工作队伍建设的典型做法，并指出，从高年级学生和青年教师中选人兼职做政治工作，经过若干年的培养形成一支又红又专的政治工作队伍。1978年10月，教育部在"高教六十条"的基础上结合清华大学"双肩挑"政治辅导员制度经验，根据高校思想政治教育实情，颁发了《全国重点高等学校暂行工作条例（试行草案）》，其中规定：在一、二年级设政治辅导员或者班主任，从专职的党政干部、政治理论课教师和其他青年教师中挑选有一定政治经验的人担任。政治辅导员都要既做学生思想政治工作，又要坚持业务学习，有条件的要坚持半脱产，担任一部分教学任务。政治辅导员可以适当轮换。通过法律文件形式，进一步明确了高校辅导员的配备、来源、职责等，成为政治辅导员制度开始恢复的重要标志；同时，也说明了党和政府对辅导员制度和辅导员队伍建设的重视，辅导员队伍又逐步回到了历史舞台，成为新时期高校思想政治工作的中坚力量，有效缓解了政治工作事繁人少、人才队伍资源紧张的局面。然而，作为担任"双肩挑"辅导员的优秀青年教师，他们往往不能有效处理与平衡好业务工作和思想政治工作的关系，一些辅导员更多地将个人工作重心放在业务工作上，并没有将学生思想政治工作摆到突出的位置。因此，这一时期高校思想政治工作队伍存在人数少，思想、文化水平不整齐，不安心工作和后继乏人等问题，同加强学校思想政治工作的要求很不匹配。为了解决上述问题，1980年教育部、共青团中央联合印发的《关于加强高等学校学生思想政治工作的意见》明确强调，高校必须要把学生的思想政治工作放在重要的地位，加强学生的思想政治工作，必须建立一支坚强的、有战斗力的思想政治工作队伍。突出强调要建立政治辅导员制度，规定了政治辅导员不仅要做学生的思想政治工作，也要坚持业务学习，有的还要担负起一部分的教学任务。同时，该文件对辅导员的身份性质、工作要求、职务评聘等方面做了更为详细的规定，强化了辅导员队伍的职业形象和职业地位。在1980年到1981年期间，中共中央书记处多次听取教育部党组织关于包括思想政治教育等在内的高校教育工作，要求加强新时期高校思想政治工作队伍建设。1981年7月，教育部颁布了《高等学校学生思想政治工作暂行规定》，首次明确提出，在第一线从事学生思想政治工作的政治辅导员，可按一百二十名左右学生配备一名。这个文件从辅导员的人数配比、考核晋级、岗位津贴、聘任条件、工作要求等方面做了详细的规定。按照教育部、团中央的要求，各大高校分别从大学毕业生中挑选一批优秀的、具有学生干部经验的人担任辅导员，辅导员人才队伍不断发展壮大，辅导员制度在高校得以恢复与改进，辅导员队伍由原来的以兼职为主的模式逐步过渡到以专职为主、以兼职为辅的模式。为了解决辅导员队伍在人员结构、数量上存在的问题，1982年教育部下发了《关于在高等学校逐步开设共产主义思想品德课程的通知》，明确指出，共产主义思想品德课的教学，由主管学生思想政治工作的部门组织实施，主要由从事学生思想政治教育的人员讲课，也可以请校内外其他同志讲课。这一规定构建了辅导员与思政课教师双向融合的辅导员队伍建设新模式，大大提升了高校思想政治教育科学化水平和有效性。然而，因为部分辅导员的思想理论水平不高，工作经验欠缺，积极性不足，导致新建起来的思想政治工作队伍无法有效适应改革开放的新形势要求。面对日益严峻的形势和复杂的环境，党和政府在辅导员队伍建设方面颁布了一系列文件来加强和改进思想政治教育。中宣部和教育部于1984年联合发布了《关于加强高等学校思想政治工作队伍建设的意见》，明确提出思想政治工作队伍必须实行专职和兼职相结合。该文件就思想政治工作队伍的政治素质与知识水平要求、来源、发展方向、培训、职责、待遇等方面提出了具体的建设性指导意见，首次提出要对思想政治工作者实行正规化培训，提升他们的思想政治水平和业务水平，这份文件是改革开放以来首次以"思想政治工作队伍建设"命名的文件，对加强高校思想政治工作队伍建设提出了六条意见。为了适应研究生层次的思想政治教育工作要求，国家教委、中宣部在1987年下发了《关于加强研究生思想政治工作的几点意见》，提出了建立一支以少量专职人员为骨干且配有较多兼职人员的研究生思想政治工作队伍。由于辅导员工作岗位定位不够清晰，辅导员队伍稳定性缺失、人才流失等问题相对严峻，党和政府相继颁布了相关文件来解决辅导员队伍建设中存在的这些突出问题。1986年，《国家教委关于加强高等学校思想政治工作的决定》强调：高等学校中从事学生思想政治教育工作的人员是教师队伍的一个重要组成部分，应根据他们的水平、能力和实际贡献聘任为相应的教师或研究人员职务。这是首次肯定高校专职辅导员的教师身份的最早文件。1987年的《关于在高等学校学生思想政治教育专职人员中聘任教师职务的实施意见》《中共中央关于改进和加强高等学校思想政治工作的决定》均明确提出：从事学生思想政治教育的专职人员，是教师队伍的组成部分，应列入教师编制，实行教师职务聘任制。这些文件将包括辅导员在内的思想政治教育工作者正式纳入高校教师系列，有助于稳定思想政治工作队伍。

与此同时，这一时期也在持续推动高校辅导员队伍建设的专业化水平提升。1980年5—6月，第一机械工业部和全国机械工会在北京召开思想政治工作座谈会，第一次提出了"思想政治工作科学化"的新命题。随着"思想政治工作应成为一门科学"重要论断的提出，在辅导员队伍培养专业化、学科化上下功夫，以学科建设为依托，高校辅导员队伍建设已迈入系统化、科学化和规范化的发展轨道。1983年，中共中央发布了《国营企业职工思想政治工作纲要（试行）》，指出有条件的高校都要增设政治工作专业，从而努力造就一大批思想政治工作能手和一大批精通思想政治工作的专家。1983年，教育部召开了政工专业论证会，将学科命名为"思想政治教育学"，依托的专业命名为"思想政治教育专业"，并于次年开始招生。1984年，教育部在12所院校设置了思想政治教育专业，采取正规化的方法培养大专生、本科生和第二学士生等各种规格的思想政治工作专门人才。同年，教育部又颁发了《关于在六所高等院校开办思想政治教育专业第二学士学位班的意见》，批准包括清华大学、浙江大学、西安交通大学等6所高校首批进行试点开办思想政治教育专业第二学士学位班，主要为高校培养思想政治工作人员。为了培养思想政治工作的高级人才，思想政治教育专业的研究生教育也随后展开。1987年，国家教委印发了《关于思想政治教育专业培养硕士研究生实施意见》的通知，决定从1988年开始培养思想政治教育专业硕士研究生。1988年，复旦大学、南开大学、中国人民大学、武汉大学等10所院校的思想政治教育专业首次招收硕士研究生，这标志着思想政治工作者培养的探索取得了重大进展。同年，经教育部批准，中国人民大学成为我国第一个在"科学社会主义原理"博士点下设立马克思主义原理博士研究方向的高校。推动专业设置、加强学科建设是高校辅导员队伍建设史上具有标志性意义的事件，高校辅导员队伍建设迈出了历史性的重要一步，启发了系统化、规模化、规范化、标准化和专业化培养思想政治教育高级人才的新路径，加强了思想政治教育人才储备和后备力量的培养，为高校育人工作又好又快的发展奠定了坚实的基础。

这一时期党和政府高度重视高校辅导员队伍建设，国家还陆续出台了诸如《关于在高等学校举办思想政治教育专业本科班的意见》《高等学校教师职务试行条例》《关于选配品学兼优的应届毕业生充实高等学校思想政治教育工作队伍的通知》等文件，从专业建设、课程建设、领导体制、人员来源、运行机制、职称评审、正规培训等方面采取了一系列重大的举措，对高校辅导员队伍建设的快速发展起到了明显的推动作用，高校辅导员队伍建设取得了显著的成效。在这一时期，高校辅导员队伍建设探索处于持续发展的重要阶段。经过长期的探索、积淀与完善，我国高校构建了专业化的思想政治教育人才培养体系，培养了大批德才兼备的高层次人才，形成了以专职人员为主、专兼结合的辅导员人才队伍，促进了辅导员队伍整体素养的提升。20世纪80年代末90年代初，苏联解体，东欧剧变，多数高校均在不同程度上出现了忽视学生思想教育和轻视高校辅导员队伍建设的倾向，高校辅导员队伍建设出现短暂的不被重视阶段，本来就数量不足的专职政治辅导员纷纷跳槽，人才严重流失，导致了少而不精、后继乏人的困难局面。邓小平曾强调，10年我们的最大失误是在教育方面，对青年的政治思想抓得不够，教育发展不够。辅导员队伍人员流失和队伍的不稳定等不良现象再现，造成了高校辅导员队伍建设发展缓慢。

(2) 科学化发展阶段：高校辅导员队伍建设的科学化建设时期（1989—2002年）

党的十三届四中全会以后，江泽民同志指出，如果思想政治工作软弱，抓得不紧，错误思潮泛滥，人们的思想乱了，人心散了，就会产生严重后果。结合新的形势，要切实加强和改进对高校思想政治教育的领导，要高度重视高校辅导员队伍建设并把辅导员队伍建设作为加强和改进高校思想政治教育的关键环节，确保高校思想政治教育步入正轨。在这一阶段的初期，高校辅导员队伍建设也存在着人员选聘、政策得不到彻底贯彻、角色定位不清、专业化和职业化建设举步维艰等问题，从而造成辅导员队伍整体素质得不到高效提升。正如1990年的《关于加强高等学校专职思想政治工作者正规培训的通知》中指出的那样：一些高校未能根据工作需要有计划地择优推荐，有的学校听任自发报考，推荐流于形式；有些高校对第二学士学位班毕业生没有合理安排使用，发挥他们的专长。同年，《关于加强高等学校党的建设的通知》强调，要建设一支以精干的专职人员为骨干、专兼职结合的素质较高的党务工作队伍，以适应高校育人工作可持续发展和人才的总体需求，也是高校辅导员走上专业化、职业化发展道路的先声。1993年，中共中央颁布了《关于新形势下加强和改进高等学校党的建设和思想政治工作的若干意见》，明确强调要继续贯彻中央有关文件精神，努力建立一支以精干的专职人员为骨干、专兼职相结合的思想政治工作队伍。同时，明确了包括辅导员队伍在内的思想政治工作队伍和党务工作队伍具有教师和管理人员双重身份，要从实际出发在进修培训、评聘专业技术职务、福利待遇等方面采取特殊政策向这支队伍倾斜。尽管这份文件没有明确要求高校配置专职辅导员，实际上各大高校均按照一定的学生人数比例来配备专职辅导员，以应对日益复杂的学生工作和适应新形势、新任务的要求。1993年，《中国教育改革和发展纲要》明确指出，要加强德育队伍建设，不断提高队伍素质，建设好一支以精干的专职人员为骨干、专兼职结合的思想政治工作队伍。这是党中央在下发文件当中第一次提出将专职人员视为思想政治工作队伍重要组成部分的重要文件，这也预示着辅导员任职模式由目前以兼职为主、专兼并重过渡到以专职为主、兼职为辅、合理流动。同时，该文件也首次提出了"德育队伍"的概念，将辅导员队伍纳入整个高校德育队伍当中，加强德育工作队伍建设，提升德育管理水平。1993年，《关于新形势下加强和改进高等学校党的建设和思想政治工作的若干意见》明确指出，要努力建立一支以精干的专职人员为骨干、专兼职相结合的政工队伍，对以专职为主、以兼职为辅、专兼结合的辅导员任职模式给予了明确的规定，并通过培训、进修、在职攻读学位、出境出国考察、留学等途径，不断提高专职辅导员的政治素质和工作能力。1994年，《中共中央关于进一步加强和改进学校德育工作的若干意见》明确要求：要优化队伍结构，建设一支专兼结合、功能互补、信念坚定、业务精湛的德育队伍。各级党委及教育行政部门和学校都要采取措施，稳定德育骨干队伍，不断补充新生力量。要积极开展各种培训工作，提高队伍素质。这个文件明确了德育工作队伍的职务系列、福利待遇、培训进修、政策保障等问题，解决辅导员的后顾之忧，有助于打造稳定的高素质德育队伍。同时，该文件强调高等学校德育工作应列入"211工程"评估标准，这也是将德育工作作为评估标准的第一份文件，而其中的德育工作队伍是重要的评估标准之一，有助于促进德育工作队伍的高质量发展。文件一再强调要重点突破队伍配备、编制落实、培训进修、福利待遇、素质提升等瓶颈问题，充分体现了党和政府对高校辅导员队伍建设的高度重视。

1995年，《中国普通高等学校德育大纲（试行）》明确指出，学生专职政工人员和"两课"教师都是德育专职教师。要优化队伍结构，建设一支专兼结合、功能互补、政治坚定、业务精湛的德育队伍，与学生人数的比例大体掌握在1∶150—1∶120，学校应采取有效措施切实加强这支队伍建设，努力培养和造就一批思想政治教育的专家和教授。此文件明确了包括辅导员等在内的从事学生思想政治教育的人员都属于高校德育队伍范围，再次对辅导员队伍的配备比例做出了具体要求（1981年教育部首次规定），这120~150名学生由学生专职政工人员来开展思想政治教育，并非由"双肩挑"式辅导员来负责。可见，辅导员队伍已经从以兼为主、专职为辅、专兼结合的"双肩挑"辅导员向专职为主、兼职为辅、专兼结合、优势互补的专职辅导员转变，专职辅导员由此成为辅导员队伍中的骨干力量与主体部分，奠定了专职辅导员高质量发展的坚实基础。该文件对辅导员的学习培训、专业技术职务评聘、工作条例、考评奖惩、福利待遇等做了详细的规定，还强调将领导体制、机构和队伍建设情况作为德育工作评估的重要内容之一，借助对高校辅导员队伍建设的评估来了解学校德育的总体效果和高校的办学水平，大大加强高校辅导员队伍建设力度。

1990年，国务院学位委员会通过了《授予博士、硕士学位和培养研究生的学科、专业目录》，在法学门类政治学一级学科下设马克思主义理论教育、思想政治教育两个硕士学位授权点。1997年，国务院颁布《授予博士、硕士学位和培养研究生的学科、专业目录》，首次在中国人民大学、武汉大学、清华大学增设马克思主义理论与思想政治教育博士学位授权点，这意味着我国思想政治教育学科专业已经形成了覆盖本科、硕士、博士三个层级的正规化人才培养体系。1999年6月，中共中央、国务院召开了改革开放以来第三次全国教育工作会议，做出了深化教育改革、全面推进素质教育的决定。同年6月，《中共中央关于加强和改进思想政治工作的若干意见》正式颁布实施，这是中华人民共和国成立后以中共中央名义下发的第一个集中、系统阐述思想政治教育重大方针政策的主体性法规，是一部迄今为止具有思想政治教育基本法性质的党内法规。各个高校以提升思想政治工作者的素质教育水平为契机,切实提高思想政治工作者的素质,不断加强其道德修养和提升其思想政治教育水平,有助于实现思想政治教育的有效提升。

进入21世纪,思想文化交融呈现新态势,意识形态领域斗争更加错综复杂,学生的思想观念出现了诸多新情况和新问题,高校思想政治教育必须与时俱进,切实增强其针对性和实效性,辅导员队伍面临着巨大的工作压力和挑战。2000年6月,召开了中华人民共和国成立以来第一次由党中央举行的思想政治工作会议——中央思想政治工作会议,江泽民总书记出席会议并强调,思想政治工作是全党的工作,所有党员和领导干部都要做。同时,又必须建设一支政治强、业务精、纪律严、作风正的专兼结合的思想政治工作队伍;要培养选拔一些政治坚定、业务过硬、作风扎实、有较高文化水平的中青年同志,充实基层思想政治工作部门,优化政工干部队伍结构。这要作为一件大事抓紧去做。江泽民在会上阐述了思想政治工作的重要地位和作用,进一步强调了加强思想政治工作队伍建设的紧迫性、必要性。2000年7月,教育部印发了《关于进一步加强高等学校学生思想政治工作队伍建设的若干意见》,该意见明确强调:建设一支精干、高素质的学生思想政治工作队伍。原则上可按1∶150—1∶120的比例配备专职学生思想政治工作人员。此文件重申了加强思想政治工作队伍建设的重要性和紧迫性,并从人员配备、任职条件、要求职责、任期时限、培训规划等方面对这支队伍建设提出了指导意见,也是第三次对专职思想政治工作人员与学生的配备比例做出了详细的规定。在文件的指导下,高校以辅导员为主体的学生思想政治工作队伍建设开始向着规范化、制度化、科学化和职业化之路迈进。进入21世纪以来,在复杂的环境和新的形势面前,辅导员队伍面临的任务更为艰巨,辅导员队伍需要从传统的思想政治工作者转化为学生工作的多面手,这样才能适应新形势下思想政治工作出现的新情况,其职责与范围也从最初的日常教育拓宽为涵盖了思想政治教育、日常管理、心理咨询、就业创业与生涯规划、资助管理及党团建设等多方面的工作内容。2001年3月,《关于加强普通高等学校大学生心理健康教育工作的意见》明确指出:政治辅导员不仅要在日常思想政治教育中发挥作用,也要在增进学生心理健康、提高学生心理素质中发挥积极作用。这充分反映了高校辅导员的角色定位更加明确,职责更加清晰,对辅导员队伍的建设发展产生了积极的推动作用。2002年4月,《普通高等学校大学生心理健康教育工作实施纲要(试行)》指出:要通过专、兼、聘等多种形式,建设一支以专职教师为骨干,专兼结合、专业互补、相对稳定、素质较高的高等学校大学生心理健康教育工作队伍。强调专职从事学生心理健康教育工作的教师编制可以从学校总的编制或专职学生思想政治工作编制中统筹解决，原则上应纳入学生思想政治工作队伍管理序列。辅导员队伍作为学生心理健康教育工作队伍中的重要骨干，承担起学生心理健康教育工作的主要任务，既帮助学生树立心理健康意识，预防和缓解心理问题，又推动辅导员队伍综合素质与能力的提升，推动辅导员向职业化、专业化发展。在这个时期，进一步明确了辅导员的身份是专门从事学生思想政治教育的人员；全国高校逐步建立起一支以专职为主、以兼职为辅、专兼结合的辅导员队伍，大大加强了高校思想政治教育力度。

（3）丰富发展阶段：高校辅导员队伍建设的专业化与职业化发展时期（2002—2012年）

党的十六大以来，以胡锦涛同志为核心的党中央，把加强和改进高校思想政治教育作为一项事关全局的战略任务，做出了一系列重大的决策和部署。2004年出台的《关于进一步加强和改进大学生思想政治教育的意见》是中华人民共和国成立以来首个以中共中央、国务院名义下发的关于大学生思想政治的教育文件，既强调辅导员、班主任是大学生思想政治教育的骨干力量，又对辅导员在思想政治工作队伍乃至思想政治教育中的重要地位与杰出成就给予了肯定。进一步强化高校辅导员队伍的制度化建设，也预示着高校辅导员队伍建设进入专业化与职业化的发展阶段。整个文件的关键词由"思想政治工作"调整为"思想政治教育"，由"政治辅导员"调整为"辅导员"，辅导员的工作范围从日常思想政治教育工作，到新增了学生日常管理、就业指导、心理健康及党团建设等多方面的内容，这一转变与学生成长和成才规律及新时期客观现实需要高度吻合，高校辅导员队伍建设的科学性与规范性愈发提升。随着"辅导员"称谓的改变，其身份、工作内容、职责范围等都相应发生了变化，甚至高校辅导员队伍建设的模式也由"以兼为主"转变为"以专为主"。特别强调通过完善思想政治教育专职队伍的激励和保障机制来解决辅导员的教师职务聘任等问题，为辅导员教师身份的落实提供政策依据。同时，该文件提出了实施大学生思想政治教育队伍人才培养工程，建立思想政治教育人才培养基地，学成后专职从事思想政治教育工作，正式提出了辅导员职业化的问题，为推进辅导员队伍专业化、职业化建设，不断提升辅导员的理论水平、职业能力奠定了坚实的基础，迈入了专业化、职业化、规范化发展的快车道。另外，要着力建设一支高水平的辅导员、班主任队伍，并成为思想政治教育方面的专家，鼓励包括辅导员在内的专职思想政治教育队伍向专家化、专业化、职业化方向发展。该文件对辅导员地位做出了明确的界定，推进了辅导员队伍建设的制度化，辅导员的地位被提升到了一个前所未有的位置。党中央、国务院始终高度重视辅导员队伍的建设工作。2005年1月，胡锦涛总书记在全国教育工作会议上提出，按照政治强、业务精、纪律严、作风正的要求，着力建设一支高水平的辅导员和班主任队伍，使他们在学生思想政治教育中发挥更大作用。同年12月，胡锦涛总书记对辅导员队伍建设工作做出了重要批示，要求从思想认识、体制机制、明确政策、培养人才等方面采取有力的措施，调动广大辅导员的积极性，提升辅导员的工作水平。此后，党和政府连续出台了一系列相关配套文件和采取了一系列措施来推进辅导员队伍建设。2005年颁布的《关于加强高等学校辅导员、班主任队伍建设的意见》提出：要统筹规划专职辅导员的发展。鼓励和支持一批骨干攻读相关学位和业务进修，长期从事辅导员工作，向职业化、专家化方向发展。该文件第一次明确将"向职业化、专家化方向发展"作为高校辅导员队伍建设的发展目标，高校辅导员队伍建设进入专业化培养和职业化发展的新阶段。同时，将通过培训进修、社会实践、学习考察、攻读学位等途径来推动辅导员队伍向职业化、专家化方向发展。配备足够数量的辅导员是加强辅导员队伍建设的基础条件，该文件强调专职辅导员总体上按1∶200的比例配备。另外，对辅导员队伍的岗位培训、职称评定、评优奖励、日常管理、职业发展等做出具体的规定，进一步统筹规划专职辅导员的职业化、专业化发展。2006年，国务委员陈至立在全国高校辅导员队伍建设工作会议上强调，要鼓励专职辅导员成为思想教育、心理健康教育、职业生涯规划、学生事务管理等方面的专门人才，推动一批优秀辅导员向职业化发展。2006年，充分体现专业化、职业化发展要求且具有里程碑意义的《普通高等学校辅导员队伍建设规定》指出：高等学校应当把高校辅导员队伍建设作为教师队伍和管理队伍建设的重要内容。辅导员是高校教师队伍和管理队伍的重要组成部分，具有教师和干部的双重身份。辅导员既是开展大学生思想政治教育的骨干力量，也是高校学生日常思想政治教育和管理工作的组织者、实施者和指导者。这是对辅导员具有"教师与干部"身份的首次权威认可，从政策引导上升到法律制度层面。该文件分别从身份地位、要求职责、配备选聘、培养发展等方面对高校辅导员队伍建设做出顶层设计并做了详细规定，为高校辅导员队伍建设提供了全面的指导与可靠的保障。由此，高校辅导员的配备、培养和考核已形成了一套较为系统和完备的制度体系，正式迈入专业化、职业化、规范化发展快车道。2010年，中共中央发布的《中国共产党普通高等学校基层组织工作条例》中的第三十一条明确指出：高等学校应当将党务工作和思想政治工作及高校辅导员队伍建设纳入学校人才队伍建设总体规划，建立一支以专职人员为骨干、专兼职干部相结合的党务工作和思想政治工作队伍。专职党务工作人员和思想政治工作人员的配备一般占全校师生员工总数的1%左右。高校通过党委领导的如学生工作部门等工作机构来加强辅导员队伍建设，有助于强化高校辅导员队伍建设的顶层设计，对于解决辅导员队伍专业化、职业化问题和增强辅导员的职业认同感和成就感大有裨益。为了进一步加强高校辅导员队伍建设，2011年4月，教育部通过印发《教育部高校辅导员培训和研修基地建设与管理办法（试行）》《教育部高校辅导员培训和研修基地建设与管理基本标准（试行）》等文件来加强辅导员基地建设与管理，这一加强高校辅导员队伍建设的重要举措大大提升了辅导员队伍的整体水平，有助于打造一支政治强、业务精、纪律严、作风正的高素质队伍。为了推进辅导员队伍高质量发展，发挥"以评促建"的建设导向作用，2012年2月印发的《全国大学生思想政治教育工作测评体系（试行）》，明确要求队伍建设中有辅导员、班主任队伍，提出通过材料审核与实地考察对按师生比不低于1∶200设置一线专职辅导员岗位、落实辅导员相应职级职数和待遇、辅导员的培养纳入学校师资培训规划和人才培养计划等六项子测评标准进行评价，通过评价体系的鞭策推动辅导员队伍专业化、职业化建设。

在这一时期，党和政府继续通过强化马克思主义理论学科对辅导员队伍高质量建设、可持续发展提供支撑力量。2004年，《关于进一步繁荣发展哲学社会科学的意见》明确提出，要实施马克思主义理论研究和建设工程，高校要加强马克思主义理论与思想政治教育硕士点和博士点的建设，为培养包括辅导员队伍在内的思想政治教育工作队伍提供有力的学科支撑。2005年，《关于进一步加强和改进高等学校思想政治理论课的意见》首次明确提出要设立马克思主义一级学科。2008年，批准设立中国人民大学马克思主义理论一级学科，这是目前国内唯一的国家级重点一级学科，内含马克思主义基本原理、思想政治教育学科两个通过审核的国家级重点二级学科。接着，设立思想政治教育二级国家重点学科的高校有中山大学、东北师范大学，思想政治教育设立国家重点培育学科的高校有武汉大学。2010年，全国加强和改进大学生思想政治教育工作座谈会召开，着重强调要大力加强队伍建设，实行专职教师队伍与兼职教师队伍相结合，努力提升思想政治教育工作科学化水平，切实提高思想政治教育工作者的育人能力。2011年发布的《高等学校哲学社会科学繁荣计划（2011—2020年）》，分别从积极参与马克思主义理论研究和建设工程、推进人文社会科学重点研究基地建设等着手，推动哲学社会科学高质量发展，为思想政治教育学科发展提供了政策支持。另外，教育部还出台了《2006—2010年普通高等学校辅导员培训计划》，通过2007年在全国设立21个高校辅导员培训和研修基地来健全岗前培训、专题培训、高级研修等多层次、多领域的辅导员培训培养体系，从2008年开始启动实施高校辅导员在职攻读思想政治教育专业博士学位计划试点工作，且4年内累计招收240多名高校辅导员在职攻读思政专业博士学位。7年来，全国高校辅导员骨干培训班辐射带动效应不断显现，各地各高校广泛开展辅导员培养培训，逐步形成了分层次、多渠道的培训体系，覆盖培训高校辅导员逾10万人次。另外，增设辅导员专项课题，启动辅导员科研能力提升计划，举办辅导员工作创新论坛，开展如"最美"高校辅导员、辅导员年度人物等推选展示活动，全力支持辅导员工作研究分会、高校思想政治工作队伍培训研修中心和《高校辅导员》学术期刊等辅导员队伍建设平台，有力地推动了辅导员队伍建设和思想政治教育全面发展。在这一时期，我国高校基本形成了以专职为主、专兼结合的辅导员队伍架构，辅导员队伍整体素质、专业化水平、职业化程度均有大幅度的提高，进一步提升了辅导员的职业认同感，确保了这支队伍的长期稳定和可持续发展，辅导员队伍的专业化培养、职业化建设已经步入正式发展轨道。

（4）全面发展阶段：高校辅导员队伍建设的内涵式发展时期（2012年至今）

党的十八大报告把立德树人作为教育的根本任务，这对高校辅导员队伍建设及思想政治教育提出了新的要求。协同育人和辅导员专业化是新时代高校思想政治教育的基本要求和发展趋势。新时代以来，党和国家高度重视高校辅导员队伍建设，加强政策设计，完善制度安排，为加强和推动辅导员队伍建设指明了方向。为进一步推动辅导员队伍专业化、职业化发展，实现队伍建设高质量发展，2014年的《高等学校辅导员职业能力标准（暂行）》对高校辅导员职业概况、基本要求和各级能力标准进行了规范与要求，进一步增强了辅导员职业的社会认同和高校辅导员队伍建设的政策导向，规范了辅导员的工作范畴和辅导员工作的专业内涵，逐步明晰了辅导员的岗位职责和工作边界，增强了辅导员的职业自信心和职业归属感，推动了辅导员队伍向专业化、职业化方向迈进。2016年12月，习近平在全国高校思想政治工作会议上指出："长期以来，高校思想政治工作队伍兢兢业业、甘于奉献、奋发有为，为高等教育事业发展作出了重要贡献。要拓展选拔视野，抓好教育培训，强化实践锻炼，健全激励机制，整体推进高校党政干部和共青团干部、思想政治理论课教师和哲学社会科学课教师、辅导员班主任和心理咨询教师等队伍建设，保证这支队伍后继有人、源源不断。"[1] 习近平总书记高度肯定了高校思想政治工作队伍在培养接班人方面所做出的重要贡献，并为包括辅导员队伍在内的思想政治工作队伍建设的未来发展指明了前进的方向。2017年，《关于加强和改进新形势下高校思想政治工作的意见》明确规定：高校思想政治工作队伍和党务工作队伍具有教师和管理人员双重身份，要纳入高校人才队伍建设总体规划，形成一支专职为主、专兼结合、数量充足、素质优良的工作力量。该文件再次明确了辅导员队伍的双重身份，并强调高校要强化辅导员队伍建设的重要性与必要性，对加强包括辅导员在内的高校思想政治工作队伍建设做出了新的部署。为适应新形势下高校辅导员队伍建设需要，切实加强队伍专业化和职业化建设，同年10月印发的修订的《普通高等学校辅导员队伍建设规定》，分别从辅导员的工作要求与职责、配备与选聘、发展与培训、管理与考核等方面对高校辅导员队伍建设提出了新的要求；同时废止了原来的《普通高等学校辅导员队伍建设规定》，这预示着辅导员职业化、专业化的制度目标已经确立并开启了制度探索的新阶段，标志着高校辅导员队伍建设的新起点。2018年9月，习近平总书记在全国教育大会上指出："思想政治工作是学校各项工作的生命线，各级党委、各级教育主管部门、学校党组织都必须紧紧抓在手上。要精心培养和组织一支会做思想政治工作的政工队伍，把思想政治工作做在日常、做到个人。"[2] 2020年4月，《教育部等八部门关于加快构建高校思想政治工作体系的意见》在"队伍建设体系"一章中明确指出，要从职业发展、晋升制度、奖励办法、选配工作、培训管理与考核制度、建设专项经费、绩效管理等方面来进一步打造高素质思想政治工作和党务工作队伍，为高校辅导员队伍建设专业化发展指明了方向。2021年，《中国共产党普通高等学校基层组织工作条例》明确强调：高校应当按照专职为主、专兼结合、数量充足、素质优良的要求，将党务工作和思想政治工作队伍建设纳入学校人才队伍建设总体规划，完善选拔、培养、激励机制。专职党务工作人员和思想政治工作人员应当

---

〔1〕习近平：把思想政治工作贯穿教育教学全过程［EB/OL］.（2016-12-08）［2023-07-20］. http://jhsjk.people.cn/article/28935836.

〔2〕习近平：坚持中国特色社会主义教育发展道路 培养德智体美劳全面发展的社会主义建设者和接班人［EB/OL］.（2018-09-10）［2023-07-20］. http://jhsjk.people.cn/article/30284598.

在编制内配足，总数不低于全校师生人数的1%，每个院（系）至少配备1至2名专职组织员。2021年，高校思想政治工作视频会强调要做到未雨绸缪，强化预判预防，细化责任追究，提高队伍能力，不断压实意识形态工作主体责任。大会强调了要进一步增强高校思想政治教育队伍的工作能力。

与此同时，党和政府还创新辅导员队伍建设的新路径。诸如，印发《普通高等学校辅导员培训规划（2013—2017年）》《教育部思想政治工作司关于培育建设高校思想政治工作创新发展中心的通知》，并公布20个高校思想政治工作创新发展中心和40个高校思想政治工作队伍培训研修中心名单，举办全国高校辅导员示范培训班、高校辅导员网络培训示范班等，开展海外研修及国内挂职访学项目，设立辅导员骨干专项课题，开展"最美高校辅导员"推选展示活动，实施全国高校辅导员能力提升导航计划，优化辅导员专业学位攻读计划、高校网络教育名师培育支持计划、高校思想政治工作中青年骨干队伍建设项目，探索建立全国高校心理健康大数据动态分析与会商指导平台，加强对辅导员工作研究分会等的指导，办好全国高校辅导员素质能力大赛，等等。这一系列的创新举措有力地增强了辅导员队伍整体的专业化、职业化水平，辅导员工作的专业性和科学性也随之提升。新时代以来，以习近平同志为核心的党中央高度重视高校辅导员队伍建设，尤其在专业化、职业化方面取得了丰硕的成果。

二、高校辅导员队伍建设的已有成效

经过百年来的实践与探索，我国高校辅导员队伍建设进一步规范化，取得了明显成效，队伍整体素质和专业化水平不断提升。辅导员队伍围绕中心、服务大局，全面贯彻党的教育方针，在一系列重大时刻、关键节点、重要事件中，始终以饱满的政治热情和充沛的精力投入工作，展现出良好的政治素质、工作作风、精神风貌和业务能力，成为学生人生的引路者、青春的逐梦人，成为让党放心、受学生欢迎的育人骨干和中坚力量。

（一）队伍规模日益壮大，人员结构日趋合理

长期以来，党和政府高度重视高校辅导员队伍建设，先后颁布并实施了系列政策文件，以支持辅导员队伍发展。辅导员队伍的学历结构、年龄结构、知识结构、职称结构日趋合理，党和政府已经建成一支素质过硬、结构合理、高

效精干且相对稳定的职业化、专业化辅导员队伍。截至2022年，全国高校专兼职辅导员达24.08万人，比2019年增加了约5.2万人，师生比实现从1：205到1：171的配置，31个省（区、市）辅导员配备整体已达标。从整体而言，专职辅导员基本配备到位，人数配备已基本按照国家要求的师生比来设置岗位，以专为主、专兼结合、数量充足、素质优良的辅导员队伍框架已经基本形成，初步形成了全方位、全领域、全覆盖的高校辅导员队伍建设局面。就学历结构而言，辅导员多为硕士研究生学历，硕士研究生学历占比最高，具有博士研究生学历的比例稍低于本科学历的比例。从辅导员队伍的整体学历来看，已经逐步从以本科学历层次为主转变成以硕士研究生学历为主，高学历人数占比逐年提升。究其原因在于绝大部分高校招聘辅导员的学历要求为全日制硕士研究生及以上（博士优先），其中部分知名高校招聘辅导员时要求全日制博士研究生；同时，《关于进一步加强和改进大学生思想政治教育的意见》就明确规定：选拔推荐一批从事政治教育思想的骨干进一步深造，攻读思想政治教育相关专业的硕士、博士学位，学成后专职从事思想政治教育工作。从而给学历是本科、硕士研究生的在职辅导员提供了进修的机会，也推动了辅导员队伍整体学历的提升。就年龄结构来说，绝大多数高校在招聘辅导员时要求具有硕士研究生学历的应聘者年龄不超过30周岁，具有本科高校辅导员工作经历的应聘者年龄可适当放宽到35周岁。越来越多的高校辅导员年龄呈年轻化趋势，绝大多数辅导员的年龄在30周岁左右，基本形成老、中、青梯队化的队伍结构。就学科结构而言，辅导员队伍的学科背景呈现出多样化学科交叉的特点，大部分辅导员所学专业与自身所在二级学院的专业领域基本吻合；同时，拥有跨学科复合背景的辅导员对培养社会需要的复合型人才、满足学生的跨学科学习兴趣等具有十分重要的价值。从职称结构来说，辅导员队伍中具有初级职称的比例相对较多，具有中级职称的比例占比其次，而具有副教授职称及以上的辅导员比例相对较少。随着全国各高校全面贯彻《普通高等学校辅导员队伍建设规定》，专职辅导员可按教师职务（职称）要求评聘思想政治教育学科或其他相关学科的专业技术职务（职称），高学历、高职称逐步成为辅导员队伍发展的新状态。就性别结构而言，根据教育部2021年统计数据，2021年高校教职工数为2 785 592人，其中女性为1 429 739人，占比约为51.33%。各高校在招聘辅导员的过程中也注意男、女性别比例的平衡，发挥男、女各自的性别优势，确保男、女比例大致相当，并且使其达到优势互补的最佳状态。同时，各高校在选聘辅导员时也设置了诸如政治素养、政治面貌、管理能力、身心素质、实践实习等条件，确保了辅导员的综合素质和职业能力符合要求。此外，众多高校积极探索除专职辅导员队伍之外的兼职辅导员队伍，作为辅导员队伍的有益补充。随着各种有关辅导员政策的出台和落实，这一岗位的吸引力持续增强，越来越多的人选择担任辅导员，这支队伍的性别、年龄、专业、专业技术职务等结构逐步优化且趋于合理。各高校认真制定辅导员发展规划，积极搭建辅导员发挥作用、施展抱负的平台，塑造辅导员的积极形象，增强辅导员的职业自豪感，充分调动了广大辅导员工作的主动性、积极性和创造性，不断营造爱岗敬业、奋发向上、争先创优的工作氛围。

（二）岗位职责逐渐厘清，职业能力更加趋于明确化

虽然我国高校辅导员制度历经百余年历史，但高校辅导员队伍建设始终在探索中不断改进，在摸索中不断前行，辅导员岗位职责不够清晰的状态逐步得以改善，并逐渐从职责边界不明确转向职责边界更为明确，职业能力结构从模糊状态转向清晰状态。

在新民主主义革命时期，高校政治教导员主要负责学员思想、学习、健康和生活等工作，其岗位功能相对单一。社会主义革命和建设时期，1950年《高等学校暂行规程》明确规定，要进行革命的政治及思想教育，预示着高校思想政治工作者已经将对学生开展革命思想教育作为工作的主要内容和首要任务，并以法定的形式固定下来。1951年，《关于加强对学校思想政治教育的领导的指示》要求高校政治辅导员要紧密结合党的中心任务来加强学生思想政治教育工作。"双肩挑"辅导员制度在全国高校推广开来，此项举措要求政治辅导员对学生进行社会主义思想的教育。1965年，《关于辅导员工作条例》是中华人民共和国成立以来第一个专门讨论政治辅导员地位、作用、职责、内容等的法律文件，政治辅导员的职责范围逐步明晰化。随后，《全国普通高等学校暂行工作条例（试行草案）》《关于加强高等学校学生思想政治工作的意见》等文件陆续出台，对辅导员岗位职责和任职能力进行了制度性规定。进入21世纪以来，在《关于进一步加强和改进大学生思想政治工作的意见》（2004年）中将"辅导员"替代此前的"政治辅导员"称谓，称谓的转变预示着辅导员岗位职责边界的调整，辅导员职责逐渐清晰化，对辅导员的职业能力要求也有所变化。2005年颁布的《关于加强高等学校辅导员班主任队伍建设的意见》明确指出，专职辅导员应关心和热爱学生，善于做大学生的思想政治工作，具备较强的组织管理能力、群众工作能力及语言和文字表达能力。

辅导员队伍岗位职责和任职能力导向越来越明显。2006年颁布的《普通高等学校辅导员队伍建设规定》是首次以法规的形式对辅导员的工作要求与职责等进行规定的文件，要求从5项辅导员工作要求（如认真做好学生日常思想政治教育及服务育人工作等）、8项工作职责（如帮助高校学生树立正确的世界观、人生观、价值观等）等方面来落实和推动。党的十八大以来，党和政府加大力度推进高校辅导员队伍建设，进一步细化辅导员岗位职责。2014年教育部出台的《高等学校辅导员职业能力标准（暂行）》明确规定，辅导员职业能力标准可以划分为初级、中级、高级，每个等级对职业功能、工作内容、能力要求、相关理论和知识要求等依次递进，高级别包括低级别的要求。这一标准对辅导员职业能力提出了基本要求，进一步规范了辅导员的工作范畴，逐步明晰了辅导员的岗位职责和工作边界，更为辅导员提升专业素养和职业能力指明了方向。为了进一步适应新时代育人要求，2017年修订的《普通高等学校辅导员队伍建设规定》，进一步修改和调整了辅导员的工作要求和工作职责，使高校辅导员队伍建设响应新时代的号召，符合新时代的要求。

（三）选聘、发展、管理机制逐步趋于完善

通过辅导员队伍建设探索实践，高校辅导员队伍建设逐步形成选聘、发展、管理长效机制，推动了辅导员队伍高质量发展。首先，辅导员选聘机制逐步完善。高校辅导员选聘模式历经新民主主义革命时期的"选拔+挑选"，到中华人民共和国建立初期从斗争经验丰富、工作责任心较强、政治理论水平较高的干部中"安排+挑选"，到改革开放后《高等学校学生思想政治工作暂行规定》提出的"选拔"模式，到《普通高等学校辅导员队伍建设规定》规定"组织推荐+公开招聘"并辅以笔试、面试考核等相关程序，再到修订后的《普通高等学校辅导员队伍建设规定》规定通过组织推荐和公开招聘相结合的方式，经过笔试、面试、公示等相关程序进行选拔，从优秀专任教师、管理人员、研究生中选聘一定数量的兼职辅导员。早期的辅导员选聘渠道相对单一，选聘对象主要来自军队干部和高校教师。中华人民共和国成立后，1953年清华大学校长蒋南翔倡导拟选学习成绩优良、觉悟较高的党团员担任辅导员。这个阶段的选聘标准相对抽象，弹性较大，主要侧重于"又红又专"；往往忽略了选聘对象的年龄、性别、专业、学历等情况，导致辅导员队伍中的人员水平参差不齐、人员素质普遍不高。从清华大学倡导"双肩挑"政治辅导员制度，

到直属高校进行辅导员选拔试点工作，再到向全国各个高校推广这一制度，辅导员队伍选拔工作逐步得以完善。1999年颁布的《关于加强和改进思想政治工作的若干意见》中第二十二条强调，各高校要按照提高素质、优化结构、相对稳定的要求，建设一支政治强、业务精、作风正的思想政治工作队伍。要选拔一批德才兼备的中青年干部，充实到这支队伍中来。可见，辅导员选拔来源趋于多元化、年轻化。2004年《关于进一步加强和改进大学生思想政治教育的意见》强调要按照政治强、业务精、纪律严、作风正的要求，坚持专兼结合的原则。2005年《关于加强高等学校辅导员、班主任队伍建设的意见》明确规定：高等学校要高度重视辅导员、班主任的选聘工作，必须坚持政治强、业务精、纪律严、作风正的标准。随后的《普通高等学校辅导员队伍建设规定》《高等学校辅导员职业能力标准（暂行）》等制度文件对辅导员选拔条件做出规定，促使辅导员选拔工作走上规范化的发展道路。同时，当前辅导员选聘方式形式多样，均需要经过笔试、面试、公示等相关程序，在选拔程序上更加公平、公正、透明。

其次，辅导员发展机制逐步完善。发展制度与辅导员成长发展密不可分，完善的发展制度有助于辅导员队伍的可持续发展。辅导员制度萌芽之初，辅导员只是作为"政治领路人"，在辅导员职业规划和发展等问题上缺乏规划性；从中华人民共和国成立到改革开放这段时期，国家逐步关注辅导员的发展问题，制定了相关制度来促进辅导员自身发展；1986年《国家教委关于加强高等学校思想政治工作的决定》首次肯定了纳入高校专职辅导员的教师身份；21世纪以来的《普通高等学校辅导员队伍建设规定》确定了专职辅导员可按助教、讲师、副教授、教授要求评聘思想政治教育学科或其他相关学科的专业技术职务；进入新时代以来的《普通高等学校辅导员队伍建设规定》，强调要落实专职辅导员职务职级"双线"晋升要求，对专职辅导员专业技术职务（职称）评聘、管理岗位聘任等进行详细的规定。愈发完善的辅导员发展制度促进了辅导员自我完善和发展，推动了辅导员队伍专业化和职业化建设。最后，辅导员管理机制逐步完善。辅导员管理模式经历从新民主主义革命时期的"校级单线管理"和"军事化管理"，到社会主义革命和建设时期的"学校和基层政工机构"两级管理体制，再到21世纪以来的《普通高等学校辅导员队伍建设规定》中第二十一条规定，即高等学校辅导员实行学校和院（系）双重领导，并成立学生工作部门与院（系）共同领导管理。进入新时代以来，修订后的《普通高等学校辅导员队伍建设规定》明确规定高等学校辅导员实行学校和院（系）双重管理，并对学生工作部门和院（系）党委（党总支）的管理工作做了区分，要求发挥院（系）党委（党总支）的政治核心作用，履行政治责任，保证党的路线方针政策及上级党组织决定的贯彻执行。

（四）培训、考核和退出机制愈发健全

培训、考核和退出机制是高校辅导员队伍长足发展的重要保障。经过长期的探索和实践，辅导员队伍培训、考核和退出机制愈发健全，推动了辅导员队伍不断发展。一方面，辅导员培训机制愈发健全。中国共产党非常重视对政治教导员开展思想教育，尤其在中国共产党成立之初，在上海大学，瞿秋白亲自讲授社会科学概论、社会哲学等课程。在延安时期，毛泽东等党的领导人亲自给包括政治辅导员等在内的广大学员培训，促进了政治辅导员综合素质的提升。在解放战争时期，对政治辅导员举办假期教员训练班、教育集会、座谈会。虽然这一时期的培训相对零散，没有形成体系和规模，但是为后期系统化培训政治辅导员提供了实践经验。在社会主义革命和建设时期，党和政府开始制度化、规范化、程序化、系统化落实政治辅导员的培训工作。1955年，高等教育部拟定了加强师资培训的工作计划，通过适当增加综合大学文、史、哲系科的招生名额，以增加培养对象的来源，扩大中国人民大学马列主义研究班的招生人数，以加强培养工作；同时，还通过选拔比较优秀的教师进修、举办假期讲习班、召开专家讲学、组织教学经验座谈会等培训方式，促进这一时期的政治辅导员综合素养提升。在改革开放初期，《关于加强高等学校思想政治工作队伍建设的意见》就明确规定，要大力加强专职思想政治工作人员的培训，并使培训工作正规化、制度化，以适应新时期高等学校思想政治工作的需要。通过设置思想政治教育专业、本科班、研究生班等，有计划地实行正规化培训，通过在职学习班、夜大学、电视大学或自学等方式鼓励辅导员在职学习。这些正规化、制度化的培训措施促进了辅导员的成长，也推动了高校辅导员队伍建设的长足发展。进入21世纪后，《关于进一步加强高等学校学生思想政治工作队伍建设的若干意见》明确要求，要有计划、有步骤地安排他们参加各种形式的岗前培训和在岗培训。通过在职攻读硕士、博士学位，或进修有关课程、脱产半脱产，或在职培训进修、国内外业务进修、岗位培训、实践锻炼等对辅导员进行培训。《普通高等学校辅导员队伍建设规定》明确规定，省、自治区、直辖市教育行政部门应当建立辅导员培训和研修基地，承担所在区域内高等学校辅导员的岗前培训、日常培训和骨干培训；同时，要求各高校负责对本校辅导员进行系统培训并选拔优秀辅导员参加国内外交流、考察和进修深造。这是党和政府将高校辅导员培训工作上升到国家层面，为后续辅导员培训机制的健全指明了前进方向。同年颁布的《2006—2010年普通高等学校辅导员培训计划》分别从辅导员培训的指导思想、原则、目标、主要任务和保障措施进行了详细规定。在这一时期，党和政府还分别通过建设全国高校辅导员培训和研修基地，举办全国高校辅导员骨干示范培训班，实施优秀辅导员攻读硕士、博士学位工作等方式来加强辅导员培训工作。进入新时代以来，党和政府颁布诸如《普通高等学校辅导员培训规划（2013—2017年）》《教育部办公厅关于加强高校辅导员基层实践锻炼的通知》等一系列文件，对培训内容、主要任务、实践锻炼等做了详细的规定。另外，修订后的《普通高等学校辅导员队伍建设规定》明确要求，辅导员培训应当纳入高等学校师资队伍和干部队伍培训整体规划。建立国家、省级和高等学校三级辅导员培训体系。可见，辅导员培训机制力度逐步加强，培训体系也日趋健全，逐步建立起科学的辅导员培训机制。另一方面，辅导员考核与退出机制愈发健全。从早期的辅导员考核主要侧重于"政治素质"的定性考核，到中华人民共和国成立后注重"政治素质+工作能力"并重考核，再到当前的"定性考核与定量考核"相结合，有力地推动了这一时期的高校辅导员队伍建设。在改革开放初期，邓小平同志强调要实行考核制度。考核必须是严格的、全面的，而且是经常的。各行各业都要这样做。这为这一时期高校辅导员考核提供了指导思想。随后，相继出台了诸如《关于加强高等学校学生思想政治工作的意见》《关于加强高等学校思想政治工作的决定》等文件，要求高标准、从严选拔专职辅导员队伍，为辅导员考核工作提供了重要的借鉴。进入21世纪以来，2006年颁布的《普通高等学校辅导员队伍建设规定》明确强调，各高等学校要制定辅导员工作考核的具体办法，健全辅导员队伍的考核体系。强调人事部门、学生工作部门、院（系）和学生四方参与考核，并将考核与辅导员奖惩退出等相挂钩。这也是将辅导员考核工作上升到法律制度层面，为辅导员考核机制健全提供了法律保障。进入新时代以来，对辅导员考核工作逐渐系统化、规范化和制度化，尤其2014年颁布的《高等学校辅导员职业能力标准（暂行）》更为高校辅导员考核工作提供了基本依据。修订后的《普通高等学校辅导员队伍建设规定》再次强调：高校要根据辅导员职业能力标准，制定辅导员工作考核的具体办法，健全辅导员队伍的考核评价体系。辅导员队伍逐步建立起更为科学、客观、公平、可行的考核机制。通过考核结果，对于违反师德师风有关规定、拒不履行岗位职责、不服从学校工作安排或其他情形不适宜担任辅导员的给予清退处理。不断完善的考核机制，进一步促进了辅导员队伍的专业化建设。

（五）辅导员角色、身份界定日益清晰，职业认同感大幅提升

辅导员是高校思想政治教育的基层工作者、组织者和实施者，但由于角色冲突、工作负荷、职业发展等原因导致高校辅导员职业认同感相对较低，职业的认同危机成为我国高校辅导员队伍建设过程中所面临的重要难题。在党的不同历史时期，党和政府高度重视辅导员队伍的职业发展。早在新民主主义革命时期，高校辅导员制度刚刚初创，尚未形成独立的、完全的辅导员职业体系，他们是学生的"政治领路人"，积累了实践经验，并为后续辅导员的职业发展打下了扎实的基础。中华人民共和国成立之初，1953年蒋南翔同志首创具有特色的"双肩挑"辅导员教师制度，具有"半教师、半学生"身份的"双肩挑"学生开启了辅导员职业发展的先河，逐步成为高校参与思想政治工作的主力军。尤其在1961年《教育部直属高等学校暂行工作条例（草案）》明确提出要逐步培养和配备一批专职的政治辅导员，这是在中央首次正式提出要在高校增设政治辅导员并要逐步培养和配备专职的政治辅导员，为辅导员职业发展奠定坚实的基础。随后的《高等学校学生班级政治辅导员工作条例》是以法律法规的形式对政治辅导员地位、作用、工作性质、任务等进行明确的规定。在改革开放初期，相继颁布《关于加强高等学校学生思想政治工作的意见》《高等学校学生思想政治工作暂行规定》等文件，高校辅导员这一职业的角色定位与职业发展开始上升到国家层面，有力地推动了辅导员这一职业的发展。改革开放之后，辅导员角色、身份逐步明确化，辅导员队伍被作为高校专职的思想政治教育队伍的重要组成部分。为了建设人才队伍，1984年国家教委决定将南开大学等12所院校划为试点院校，开始专门培养从事思想政治教育工作这一职业的专业人才。2006年，全国高校辅导员队伍建设工作会议召开，作为中华人民共和国成立以来第一次专门就辅导员队伍建设工作召开的会议，大会强调，辅导员已经成为高校教师队伍的重要组成部分。同年，《普通高等学校辅导员队伍建设规定》明确强调：辅导员是高等学校教师队伍和管理队伍的重要组成部分，具有教师和干部的双重身份。这是从国家层面对辅导员这一职业具有教师与干部双重身份的第一次权威认可，大大提高了辅导员乃至全社会对辅导员作为教师的角色认知，也是从国家层面对这一角色的肯定。在此后所颁布的《高等学校辅导员职业能力标准（暂行）》等一系列与辅导员相关的政策文件，对辅导员的职业能力表彰、业务培训、职务职级"双线

晋升"、表彰奖励等纳入高等学校师资队伍和干部队伍整体规划均做了明确规定，并将辅导员工作归为思想政治工作系列，将编制归于教师，这些都是对辅导员这一教师身份与角色的进一步深化和落实的重要举措。

为了调动和激励辅导员工作的积极性和创造性，并强化全社会对辅导员职业的认同，党和政府出台了一系列制度文件，完善辅导员评优奖励制度，比如，《关于进一步加强和改进大学生思想政治教育的意见》，建立专项评优奖励制度，定期评比和表彰思想政治教育工作先进集体和个人，树立、宣传、推广一批先进典型；《关于加强高等学校辅导员 班主任队伍建设的意见》，树立一批辅导员、班主任先进典型；《普通高等学校辅导员队伍建设规定》，设立"全国高校优秀辅导员"称号，定期评选和表彰优秀辅导员；等等。从2008年开始启动"全国高校辅导员年度人物"评选活动，目前先后举办了14届，选出了近200名年度人物，数百人成为高校辅导员年度人物提名的候选人，数千人成为全国高校辅导员年度人物候选人推荐人选。2019年，教育部启动"最美高校辅导员"评选活动。这些活动通过中央广播电视总台《最美高校辅导员》等节目在全国范围内进行播放，在高校师生群体乃至全社会均取得了热烈的反响，树立起新时代高校辅导员的学习榜样。2017年，校友会中国大学排名在国内率先将"全国高校辅导员年度人物"指标纳入中国大学排名评价体系，这既是体现高校思想教育工作水平与立德树人成效的重要指标，也是对辅导员职业与辅导员这支队伍的充分肯定。党的十八大以来，以习近平同志为核心的党中央高度重视辅导员队伍建设。2013年5月4日，在各界优秀青年代表座谈会上，习近平总书记亲切接见了第五届全国辅导员年度人物。在2014年大学生和高校辅导员年度人物座谈会上，时任国务院副总理刘延东接见了第六届高校辅导员年度人物。2019年3月，在全国高校思想政治理论课教师座谈会上，安徽工业大学赵颖虹、北京科技大学孙晓丹、郑州大学胡波等全国30多名辅导员代表参加会议，受到了习近平总书记的亲切接见，并当面聆听了总书记的殷切教诲。党中央充分肯定了辅导员工作，给高校辅导员队伍建设带来了极大的鼓舞。2017年，教育部举办"学习宣传贯彻党的十九大精神——千名高校优秀辅导员'校园巡讲'和'网络巡礼'活动"，遴选30名优秀辅导员组成"双巡"全国报告团，分成6组赴31个省（区、市）开展示范巡讲，历时10多天，3万多名学生现场聆听了报告，100多万学生在线收看了报告，宣讲活动网上点击量超过了200万次。通过线下现场聆听、线上直播等方式并借助《人民日报》等传统媒介、人民网等主要门户网站和新媒体客户端，充分发挥优秀辅导员的榜样引领和示范作用，增强了辅导员队伍的职业荣誉感。此外，还将辅导员团队文化作为新时代高校辅导员队伍建设的重要内容来开展。比如，2012年上海市发布全国首份高校辅导员誓词，各地高校也纷纷以参与思政类课程教学任务、申请课题研究、召开辅导员大赛、举办辅导员评选活动等方法，深化对辅导员角色的认知和职业认同感。通过百年来的队伍建设实践，辅导员队伍的职业认同感和归属感、团队凝聚力和向心力得以大大增强。

三、高校辅导员队伍建设的实践经验

建党以来，高校辅导员队伍的培养和建设问题一直受到党和政府的高度重视。党和国家出台了许多关于辅导员队伍建设的政策和文件，并采取了一系列重要措施，高校辅导员队伍建设取得了长足的发展，队伍规模逐步合理，岗位的吸引力逐渐增强，广大辅导员队伍在日常思想政治教育、学生管理、心理咨询、实践教学、生涯规划、技能培养、对外交流等方面发挥了重要作用，展现出政治强、业务精、纪律严、作风正的良好形象。

（一）牢牢把握坚持和加强党的全面领导这个根本原则

习近平总书记指出："我们的高校是党领导下的高校，是中国特色社会主义高校。办好我们的高校，必须坚持以马克思主义为指导，全面贯彻党的教育方针。"〔1〕党的领导是实现高等教育目标的重要保障，是高校辅导员队伍建设的基本原则。在新民主主义革命时期，党以实现民族独立、人民当家作主作为为人民谋幸福的主要任务，在革命根据地和新老解放区创建干部学校、短期大学等高校，在延安大学、中共中央党校、陕北公学、抗大等高校中进行政治指导员队伍建设，用培养、激励、管理等方式激发政治教导员为革命输送人才。这些高校在党的领导下，把坚定正确的政治方向放在第一位，用党的理论动员和武装政治指导员队伍头脑，指导队伍建设实践，构筑了官兵听党指挥的思想根基。事实证明，坚持党的全面领导是做好政治指导员队伍建设工作的根本保证，用党的理论武装起来的政治教导员队伍在抗日战争乃至解放战争中起到了至关重要的作用。在社会主义革命和建设时期，尤其在中华人民共和国成

---

〔1〕习近平．把思想政治工作贯穿教育教学全过程［EB/OL］．（2016-12-08）［2023-07-20］．http：//jhsjk.people.cn/article/28935836.

立之初，大批党的领导干部进入高校任职，继续继承和发扬在革命时期形成的优良传统和作风，与广大党员干部、师生密切联系，准确把握他们的思想、工作、学习和生活状态，奠定了党在辅导员队伍建设中的领导地位。1958年9月颁布的《关于教育工作的指示》明确规定，在一切高等学校中，应当实行学校党委领导下的校务委员会负责制，从而确立了党组织在高校辅导员队伍建设中的领导地位。这一时期在党委的领导下，高校组建了学生思想政治工作干部队伍，逐渐建立起了高校政治辅导员制度。在改革开放和社会主义现代化建设新时期，尤其党的十一届三中全会之后，高校思想政治教育再次得到了党中央的特别关注，高校辅导员队伍建设也迎来了新的局面。这一时期，高校在党委的领导下，全面贯彻党的教育方针，加强思想政治工作，逐步建立和健全党委统一领导、多部门齐抓共管、部门各司其职的工作机制。国家出台了一系列指向性明、含金量高、操作性强的政策举措来推动高校辅导员队伍的持续、健康发展，高校辅导员队伍建设内涵更丰富，涵盖范围更广，目标更加明确，任务更加具体，措施更加有力，充分体现了党对高校思想政治教育的高度重视，为全面加强高校辅导员队伍建设提供了重要的制度保障和政策支持。

（二）坚持德才兼备、以德为先的用人标准和导向，坚持把政治标准放在首位

政治标准是高校辅导员的第一标准，要在辅导员选拔任用全过程牢牢把握政治标准，大力选拔政治过硬、德才兼备、堪当重任的优秀辅导员。选人和用人要坚持德才兼备的原则，始终把政治标准放在首位，这是高校辅导员队伍建设的重要经验。鲜明的政治属性是高校辅导员队伍建设的根本属性，政治标准是辅导员选聘的第一标准。高校辅导员的工作职责涵盖了思想理论教育和价值引领、党团和班级建设、学风建设、学生日常事务管理、心理健康教育与咨询工作等多个方面，要把加强学生思想引领与价值塑造摆在首要的位置，就要求辅导员必须要有坚定的政治立场、较高的政治觉悟、高度的政治站位。坚持德才兼备、以德为先的用人标准既是中国共产党在长期的革命、建设、改革开放过程中逐步形成和发展起来的干部标准，也是高校辅导员队伍建设的重要经验和优良传统。早在1938年，毛泽东同志就在党的六届六中全会上指出，中国共产党是在一个几万万人中领导伟大革命斗争的党，没有多数才德兼备的领导干部，是不能完成其历史任务的。这是毛泽东首次强调必须培养德才兼备的干部人才。1940年11月，时任中央组织部部长的陈云在《关于干部工作的若干

问题》一文中创造性地提出,在选拔任用干部的过程中,必须坚持德才并重,以德为主。反对只顾才不顾德,也反对只顾德不顾才,才和德应该是统一的。在新民主主义革命时期,这一干部选拔标准成为政治教导员选人和用人的重要参考,一大批德才兼备的优秀人才被选拔到这一岗位,有力推动了我国革命事业不断前进。在社会主义革命和建设时期,毛泽东结合当时的政治路线和历史任务,将干部标准从"才德兼备"提高到"又红又专"。在高校辅导员队伍建设的萌芽阶段,清华大学的"双肩挑"政治辅导员制度在全国高校中被推广。"又红又专"不仅成为辅导员工作的目标、选拔辅导员的根本标准,也是德才兼备、以德为先用人标准的具体体现。尽管有关高校辅导员队伍建设的制度历经多次调整和修订,但是坚持"又红又专"始终是选拔辅导员的标准及培养人才的目标。邓小平同志曾对这一制度的经验给予了充分的肯定。1980年3月12日,在中共中央军委常委扩大会议上,他论及思想政治工作时指出,清华大学的经验,应当引起全国注意。又红又专,那个红是绝对不能丢的。从改革开放之初邓小平同志提出的干部队伍要"四化",到江泽民同志提出的要坚持德才兼备原则的要求,到胡锦涛同志提出的德才兼备、以德为先,再到新时代以来习近平同志提出的坚持正确的用人导向,坚持德才兼备、以德为先,努力做到选贤任能、用当其时,知人善任、人尽其才。这些均成为不同历史时期高校辅导员选拔的指导思想,也更加鲜明地突出了"德"在辅导员选人和用人标准中的优先地位和主导作用,把正确的用人标准更加明确地树立起来。新时代以来,《高等学校辅导员职业能力标准(暂行)》将政治强、业务精、纪律严、作风正作为辅导员的职业能力特征和选拔任用标准,尤其将政治强放在辅导员能力特征的首位;政治强是对辅导员工作能力提出的首要要求,既是辅导员落实好各项工作职责的基本条件,也是做到业务精、纪律严、作风正的坚实基础。这一标准既要求辅导员具备过硬的思想政治素质、心理素质、文化素质、专业素养和职业能力等,又要实现政治能力和业务能力双提升。新时代要求高校辅导员队伍建设更加职业化、专业化、专家化,逐步细化和完善辅导员选拔任用的有关规定和制度,对辅导员选拔任用更加规范化、科学化和制度化,不仅需要具有较强的政治敏锐性和政治辨别力,而且需要具备开展思想理论教育和价值引领工作的能力。这些要求既把政治标准放在选人和用人的首位,坚持德才兼备、以德为先的用人标准在辅导员队伍建设中的具体运用,也是打造专业结构和知识更加合理的高素质辅导员梯队的核心所在。

（三）促进守正传承与开拓创新相统一

守正是创新的前提，创新是守正的动力。回溯建党百年以来高校辅导员队伍的建设史，党始终将守正传承和开拓创新自觉贯穿于辅导员队伍建设之中，革故鼎新、勇于创新，将高校辅导员队伍建设及思想政治教育推向新境界。追溯辅导员队伍的发展历程，坚持守正传承与开拓创新相统一，这一直是推动辅导员队伍高质量建设、可持续发展的动力源泉。党高度重视高校辅导员队伍建设，积累了丰富的经验，展现了鲜明的特色，极大地推动了思想政治教育质量的提升。高校辅导员队伍建设必须立足传承，唯有传承才能保证"根脉"不断，才能实现绵延发展，高校辅导员队伍建设也必然需要不断积累、渐进发展。从新民主主义革命时期的政治指导员，到社会主义革命和建设时期的政治辅导员，再到改革开放和社会主义现代化建设新时期的辅导员，虽然辅导员的名称发生了改变，但是涵盖高校辅导员队伍建设的基本原则、基本理念、核心目标、工作性质、职业守则等及先进的经验和做法依然需要继承与发扬。在百年的高校辅导员队伍建设进程中，这些基础条件始终是确保高校辅导员队伍建设高质量发展的"压舱石"，并不随着时间的推移而发生变化。这些是维系高校辅导员队伍建设正常运行的前提和必要条件，盲目地忽视其存在势必给高校辅导员队伍建设带来负面影响，清华大学首创的"双肩挑"辅导员制度既是一种特殊的全面培养学生的有效模式，也是落实和加强高校思想政治教育的重要保证，更是一项具有中国特色的高校辅导员队伍建设和思想政治教育形式的重要实践。同时，高校辅导员队伍自身建设也需要不断提高创新性，借助创新来激活队伍新动能，开辟队伍建设新路径，获得队伍建设的新方式。有关高校辅导员队伍建设创新案例比比皆是：辅导员从经验型向专家型转变，实现"标准化+法治化+规范化"耦合效应的发挥，建立辅导员管理、选聘、培训、保障、激励和考核等机制，设立"金牌辅导员""优秀辅导员""年度辅导员""学生最喜爱的辅导员"等奖项，设立辅导员名师工作室，举办"精品项目建设""谈心谈话能力大赛"等活动。各地高校也相应推进了关于高校辅导员队伍建设方面的研究与创新，加强高校辅导员队伍建设，以满足新时期高校教育高质量发展和学生全面发展的需求。新时期高校辅导员队伍建设要充分认识面临的机遇和挑战，由于辅导员岗位职责的独特性、工作对象的特殊性、专业技能的多元化、成长成才的渐进性，对高校辅导员队伍建设提出了更高的要求，高校辅导员队伍建设必须把继承优良传统和改进创新结合起来，只有适应时代特点，不断改进创新，才能永葆生机和活力，充分发挥其在实践中的作用。

（四）推动全力服务学生发展与辅导员自身发展有机结合

邓小平同志曾指出，中国解决所有问题的关键是要靠自己的发展。归根到底，发展才是硬道理。辅导员自身素质的高低、辅导员队伍建设的快慢，既关联着辅导员队伍成长和发展的速度，也直接影响思想政治教育有效性的提升。高校辅导员队伍建设是一件关系到学生成长、成才及辅导员队伍发展的大事，需要各方面的高度重视和推动。因此，妥善处理好学生发展与辅导员发展的关系有助于推动高校辅导员队伍建设高质量发展，任何一方的过分侧重和忽视都会导致高校辅导员队伍建设的不平衡。在新民主主义革命时期的高校政治教导员队伍建设富有开创性，党通过举办假期教员训练班、教育集会、座谈会等形式，以及邀请党的领导人与知名学者亲自授课等方式来促进政治教导员发展。在社会主义革命和建设时期，鉴于辅导员队伍一方面在政治上要求进步，热心学习，另一方面又表现为理论水平及政治水平不够，政府开始抽调部分教师集中学习，培养专业师资力量，提升辅导员队伍综合素质和整体水平。此后，政府颁布了一系列法规制度对高校政治辅导员地位、作用、工作职责、任务内容、待遇等进行明确界定。在改革开放和社会主义现代化建设新时期，通过正规化培训、学位提升、出国进修、基地学习、学科建设等推动了辅导员队伍的发展，辅导员队伍的政治素质、业务能力等得到了有效提高，队伍建设取得了长足的进步。辅导员的综合素养和职业能力在锻炼中不断得到提升，而这种锻炼对于辅导员自身成长来说是很重要的。总之，高校辅导员队伍建设坚持使用与培养相结合的原则，积极抓好辅导员的选、用、育、留等重点环节，最大限度地调动他们的积极性和创造性，建设一支高素质、专业化的辅导员队伍，这是强化高校思想政治教育的基本保证和有效途径。尽管不同历史时期的辅导员工作的职责内容不断发展和变化，然而辅导员的核心工作依然是全面贯彻执行党的教育方针，坚持育人为本、德育为先和促进学生全面发展。在新形势下，辅导员队伍的职业化、专业化和专家化正成为高校辅导员队伍建设的基本趋向。

（五）注重量质并举、以质取胜，坚持做优增量与提质增效相结合

唯物辩证法认为，量变和质变是相互转化、相互渗透的辩证关系。没有足够的辅导员数量，就不能为高校思想政治教育发展提供人才保证；没有辅导员综合素养的提升，就不能提高高校思想政治教育的有效性。增量与提质问题一

直是高校辅导员队伍建设中不可忽视的两个方面。增量主要从辅导员数量而言,一定数量的辅导员队伍是辅导员整体工作效果的必要条件和高校思想政治教育正常运行的前提,而提质主要从辅导员素质来说,综合素养高的辅导员队伍是高校思想政治教育可持续发展的关键要素。回顾建党百年来高校辅导员队伍建设的发展历程,党领导的辅导员队伍建设始终注重量质并举、以质取胜,并实现增量与提质相结合。在新民主主义革命时期,熟悉学校思想政治教育的专门人才屈指可数。党中央在1930年颁布的《中国工农红军政治工作暂行条例草案》中强调:政治指导员无论在执行任务还是在个人行动上,均须做全体军人的模范,并且要在言论和事实上来表现。在抗日战争和解放战争时期,党高度重视在中央党校、抗大等多所学校政治指导员的配备问题,由经历过革命洗礼的同志来负责学校学生的思想政治教育工作,甚至毛泽东、周恩来等中央领导同志在中央党校、抗大等多所学校都亲历教育一线,培养党政军各级领导干部。中华人民共和国成立初期,高校辅导员队伍建设正处于起步阶段,由于思想政治教育专门人才匮乏,党和政府从原来高校教职工当中挑选出具有相应的政治素质和理论知识的教师参与思想政治教育工作。1953年,具有清华特色的"双肩挑"政治辅导员制度成为高校辅导员队伍建设注重量质并举、以质取胜的生动体现。为了促进辅导员队伍配备的科学性,党和政府开始对高校辅导员配备比例进行了规定,分别从平均每一百名学生至少配备一名专职政工干部,到可按一百二十名左右的学生配备一名,到与学生人数的比例大体在1∶150—1∶120来配备,到原则上可按1∶150—1∶120的比例配备专职学生思想政治工作人员,到专职辅导员总体上按1∶200的比例配备,到高等学校总体上要按师生比不低于1∶200设置本、专科生一线专职辅导员岗位,到按师生比不低于1∶200设置一线专职辅导员岗位,到高等学校应当按总体上师生比不低于1∶200设置专职辅导员岗位,再到专职辅导员岗位按照师生比不低于1∶200设置。此外,还通过诸如选聘优秀毕业生、教师轮岗、企业导师等方式,确保思想政治工作人才需求。在不同历史时期,党和政府分别采取了"双肩挑"政治辅导员制度、规范性培训、骨干研修项目、示范培训项目、在职攻读博士项目、国家示范培训、海内外访学研修等专项计划、巩固和完善"部、省、校"三级培训研修体系等多个措施来大力提升辅导员队伍的综合素质、工作技能及管理水平。高校辅导员队伍建设中处理好量与质的关系,坚持增量与提质同步抓,不仅可以促进辅导员队伍整体水平实现跨越式提升,还可以保障思想政治教育高质量发展。

第四章

新时代高校辅导员队伍建设的时代境遇

第四章　新时代高校辅导员队伍建设的时代境遇

新时代以来，以习近平同志为核心的党中央对新时代党和国家事业发展做出了科学、完整的战略部署，做出了建设教育强国是中华民族伟大复兴的基础工程的重大论断和决策，坚持将教育事业置于优先发展位置，党的二十大报告再次强调培养高素质教师队伍并提出了新的更高要求，意义重大而深远。牢牢把握新时代高校辅导员队伍建设的新要求、新机遇和新环境，全面了解新时代高校辅导员队伍建设的现实状况，有助于切实推动高校辅导员队伍建设的高质量发展。

一、新时代高校辅导员队伍建设的新要求

新时代背景给高校辅导员队伍建设提出了新的发展要求，只有扎实推进高校辅导员队伍建设，才能培养一支政治强、业务精、纪律严、作风正、高水平的辅导员队伍，以适应时代发展和学生健康成长的要求。

（一）全面落实立德树人的根本任务

立德树人既是高等教育的根本任务，也是高校的立身之本。党的十八大报告强调要把立德树人作为教育的根本任务，培养德智体美全面发展的社会主义建设者和接班人。党的十九大报告指出要落实立德树人根本任务，发展素质教育，推进教育公平，培养德智体美全面发展的社会主义建设者和接班人。党的二十大报告再次强调要落实立德树人根本任务，培养德智体美劳全面发展的社会主义建设者和接班人。立德树人包括思想政治教育等在内的高等教育的根本任务，承载着为全面建成社会主义现代化强国、实现第二个百年奋斗目标提供坚强有力人才支撑的历史重任。自党的十八大以来，我国高校始终坚持把立德树人作为学校的"一号工程"抓实、抓细，持续推动新时代高校思想政治教育在实践中加强、在创新中发展。根据2021年相关调查显示，九成以上大学生对思政工作表示了满意，给予了较高评价。新时代以来，我国高校思想政治教育取得了显著成效，在推动学生成长成才、担负民族复兴重任方面发挥了重要作用。回顾党的十八大以来高等教育的发展历程，在落实党的教育方针和立德树人根本任务方面出台了一系列政策文件，对促进学生全面发展提出了系统、明确的要求。比如，《教育部关于建立健全高校师德建设长效机制的意见》强调，要以立德树人为出发点和立足点，找准与高校教师思想的共鸣点，不断探索新时代高校师德建设的规律。《中共中央　国务院关于全面深化新时

代教师队伍建设改革的意见》指出，要培养和造就高素质教师队伍来落实立德树人根本任务，培养德智体美全面发展的社会主义建设者和接班人。在《深化新时代教育评价改革总体方案》中，"立德树人"关键词在其指导思想、主要原则、改革目标等方面共出现 6 次，坚持把立德树人成效作为根本标准，体现了教育事业对国家发展和民族复兴的深远意义。新时代以来，习近平总书记多次强调把立德树人作为高等教育的中心环节和根本任务。育人的根本在于立德，这是以习近平同志为核心的党中央继承、丰富和发展党的教育方针的集中体现。

（二）深化以职业能力需求为导向

党的十八大以来，以习近平同志为核心的党中央继续重视、完善辅导员队伍建设，推动相关政策举措不断完善，引领辅导员职业素质能力和育人水平不断提升。2013 年的《普通高等学校辅导员培训规划（2013—2017 年）》明确规定，通过建立和健全多级培训网络、扩大培训覆盖面、加强基地建设和师资队伍建设、加强课程和教材建设等路径，将思想政治教育基本能力、大学生党建工作、学生事务管理等作为职业能力培养的培训内容，增强辅导员职业能力的培养力度，加强辅导员队伍专业化、职业化建设。为了进一步提高辅导员服务基层的意识与能力，同年 12 月颁布的《教育部办公厅关于加强高校辅导员基层实践锻炼的通知》，要求注重在基层实践锻炼中加强对辅导员的培养，这些基层着重指艰苦地区、复杂环境、关键岗位，增强辅导员服务基层的意识与职业能力，进一步提高高校思想政治教育的针对性、有效性。为构建高校辅导员队伍能力标准体系，推动高校辅导员队伍专业化、职业化建设，2014 年制定的《高等学校辅导员职业能力标准（暂行）》对职业概况、基本要求、职业能力标准等做了明确规定，这是中华人民共和国成立以来党和政府首次对辅导员这一职业正式认可的法律文件。辅导员职业由此变得更加职业化和规范化。该标准大大增强了辅导员职业的社会认同力度。2017 年公布修订后的《普通高等学校辅导员队伍建设规定》更为详细地、科学地、规范地明确了辅导员所要负责的九项工作任务，即思想理论教育和价值引领、党团和班级建设、学风建设、学生日常事务管理、心理健康教育与咨询工作、网络思想政治教育、校园危机事件应对、职业规划与就业创业指导、理论和实践研究，尤其对辅导员要开展的思想政治教育工作进行明确化，这是辅导员提升自身专业水平、职业能力与加强高校辅导员队伍建设的根本依据。新时代以来，党和政府尤其注重辅导员队伍的内涵式建设，辅导员角色定位趋于精准化、科学化和规范化，辅导员职业逐步实现了职业准入制度化、岗位设置专门化、考核评聘科学化及工作内容明确化、工作方式课程化、工作效果可量化，大大促进了高校辅导员队伍建设职业化、专业化的发展和素质能力的提升。

（三）做好新时代新征程思想宣传工作

新时代以来，以习近平同志为核心的党中央把思想宣传工作摆在全局工作的重要位置，习近平总书记亲自部署、系统规划、全面推进，引领思想宣传工作守正创新。2013年，习近平总书记在首次召开的全国宣传思想工作会议上强调，宣传工作是党的一项极其重要的工作。这充分体现了习近平总书记对思想宣传工作高度的重视。为促进高校积极贯彻落实会议精神，2015年印发的《关于进一步加强和改进新形势下高校宣传思想工作的意见》强调，加强和改进高校宣传思想工作是一项重大而紧迫的战略任务，同时强调加强和改进新形势下高校思想宣传工作的主要任务是坚定理想和信念，巩固共同思想道德基础，扩大主流思想舆论影响力，推动文化传承创新，努力构建全员、全过程、全方位育人格局，要配齐建强高校宣传思想工作队伍，统筹推进高校党政干部和共青团干部、思想政治理论课教师和哲学社会科学课教师、辅导员班主任和心理咨询教师等宣传思想工作骨干队伍建设。同年9月，印发的《中共中央宣传部　中共教育部党组关于加强和改进高校宣传思想工作队伍建设的意见》明确强调，高校宣传思想工作队伍是党的宣传思想工作的一支重要力量。统筹推进高校党政干部和共青团干部、思想政治理论课教师和哲学社会科学课教师、辅导员和班主任、心理健康教育教师和学生骨干等宣传思想工作队伍建设。这些制度文件对高校意识形态工作和高校宣传思想工作队伍建设进行了新的全面部署，是对加强和改进高校宣传思想工作的总动员、总部署。2018年，习近平总书记在全国宣传思想工作会议上再次强调宣传思想工作的重要性，他指出，宣传思想工作是做人的工作的，要把培养担当民族复兴大任的时代新人作为重要职责，要抓住青少年价值观形成和确定的关键时期，引导青少年扣好人生第一粒扣子。习近平总书记的重要讲话精神和为落实重要讲话精神而颁布的一系列政策文件，充分体现了辅导员队伍在高校宣传思想工作乃至党的宣传思想工作中的重要地位与作用，为包括辅导员在内的宣传思想工作队伍提出了工作要求，并指明了前进的方向，既对辅导员推动宣传思想工作守正创新的思想政治素质、专业素养与职业能力、理论知识素养等方面提出了高要求，也强调了高校要提高政治站位，并把高校辅导员队伍建设放在学校所有工作的首要位置来抓，整体谋划、统筹安排地来推动新时代高校辅导员队伍建设工作，将高校辅导员队伍建设成为一支政治过硬、本领高强、求实创新、能打胜仗的宣传思想工作队伍。

（四）着力夯实"三全育人"工作体系

党的十八大以来，党和政府高度重视"培养什么人、怎样培养人、为谁培养人"的根本问题，多次就全员、全程、全方位育人做出了重要的部署。2017年2月发布的《关于加强和改进新形势下高校思想政治工作的意见》明确要坚持全员、全过程、全方位育人。同年12月，教育部印发的《高校思想政治工作质量提升工程实施纲要》提出了一体化构建内容完善、标准健全、运行科学、保障有力、成效显著的高校思想政治工作质量体系，形成全员全过程全方位育人格局的要求，明确了十大育人体系。十大育人体系中包含的育人主体非常全面，涵盖了高校校内外多个育人主体。毋庸置疑，辅导员队伍是育人主体当中的主力军和中坚力量。辅导员要积极参与梳理各专业课程所蕴含的教育元素和所承载的教育功能、科学研究全过程全环节、教育引导学生亲身参与实践、践行和弘扬社会主义核心价值观、引导学生强化网络意识、加强人文关怀和心理疏导、加强法治教育、帮助解决学生工作和学习中的合理诉求、培养受助学生的良好品质、发挥共青团等组织的桥梁纽带作用，充分挖掘这十个方面工作的育人功能。为培养合格的建设者和接班人，2018年，发布了《教育部办公厅关于开展"三全育人"综合改革试点工作的通知》。该通知明确规定，要根据试点层面的不同，划分为"三全育人"综合改革试点区、试点高校、试点院（系）三种类型来开展"三全育人"综合改革试点工作。从省（区、市）层面建设标准来说，队伍保障到位是二级指标，按师生比不低于1∶200设置一线专职辅导员岗位等作为三级指标。从高校层面建设标准而言，队伍保障是二级指标，将推动中央关于高校思想政治工作队伍和党务工作队伍建设的政策要求和量化指标落地等作为三级指标；从高校院（系）层面建设标准来说，人员保障到位是其二级指标，辅导员达到师生比1∶200的要求，至少配备1名专职辅导员，有专职副书记是其三级指标之一。因此，从省（区、市）、高校、院系三个层面分别构建宏观的、中观的、微观的一体化育人体系都无法离开辅导员及其这支队伍在其中所起到的重要作用。同年12月，教育部印发了《教育部办公厅关于开展第二批"三全育人"综合改革试点工作的通知》，继续开展"三全育人"综合改革试点工作。在"三全育人"的工作背景下，高校思想政治教育有了更高的发展要求。高校辅导员队伍建设必须做出转变，既要积极引导辅导员本身转变思想观念，做"三全育人"科学理念的践行者、主导者、推动者，又要打造具有较强学习力、服务力、凝聚力、执行力、创新力的"匠心育人"辅导员队伍。

二、新时代高校辅导员队伍建设的新方位

党的十八大以来，习近平总书记多次在考察、讲话、批示中表达了对教育事业的重视和对教师职业的尊重，从教育大计、教师责任、人才培养等多个层面发表了一系列的重要论述，为做好新时代高校辅导员队伍建设工作提供了根本依据。建设政治素质过硬、业务能力精湛、育人水平高超的高素质辅导员队伍始终是高校思想政治教育的基础性工程，辅导员逐渐成为"大思政"格局中多元思想政治工作队伍的骨干力量，高校思想政治教育"三全育人"工作新格局逐步形成，辅导员育人能力持续提升。当前，高校教师队伍建设改革已经进入关键期。与新时代党和国家对高等教育的要求相比，与社会各界对高等教育的期望相比，与学生自身发展实际相比，高校辅导员队伍建设在人员构成、组织机构、学科建设、培养培训等方面正处于从"全面施工"向"内部精装修"转型和升级的关键阶段。因此，新时代高校辅导员队伍建设必须立足新的历史方位，努力提高辅导员的政治定力、理论功力、业务能力与人格魅力，不断提升立德树人的力度、温度与效度。

（一）人员构成：处于从数量型向质量型转变的关键阶段

辅导员是推动高校思想政治教育发展的中坚力量。数量问题是高校辅导员队伍建设绕不开的重要话题，若没有一定数量的辅导员，高校思想政治教育的日常工作就无法开展；同样，没有一定质量的辅导员，高校思想政治教育的质量更难以保证。因此，保持一定数量与质量的辅导员关系到培养担当民族复兴大任的时代新人的重任。为了实现辅导员队伍配备的科学性、合理性、灵活性和有效性，党和政府在高校辅导员制度发展的不同历史时期始终高度重视专职辅导员配备问题，并对配备数量比例进行规定，既确保了辅导员数量和结构与岗位多寡及任务难易相适应，又实现了合理流动、适才适能，且避免了能力不足、过剩和人才浪费现象。

从 1964 年第一次对高校专职辅导员的配备比例进行详细规定（1∶100）起，一直到 2005 年执行 1∶200 这个比例，这其中专职辅导员的配备比例也在不断调整。2005 年《关于加强高等学校辅导员 班主任队伍建设的意见》明确规定，专职辅导员总体上按 1∶200 的比例配备，保证每个院（系）的每个年级都有一定数量的专职辅导员。同时，每个班级要配备一名兼职班主任。这个配备比例一直延续到 2021 年修订发布的《中国共产党普通高等学校基层组织工作条例》。该条例明确规定：专职辅导员岗位按照师生比不低于 1∶200 设置。当前，高校专职辅导员岗位的师生比依然按照 1∶200 这个标准来配备。此外，也对包括专职辅导员在内的所有思想政治工作人员与全校师生员工总数的比例做了明确规定。2010 年发布的《中国共产党普通高等学校基层组织工作条例》明确指出：专职党务工作人员和思想政治工作人员的配备一般占全校师生员工总数的 1% 左右。2018 年 5 月发布的《教育部办公厅关于开展"三全育人"综合改革试点工作的通知》明确规定，将落实专职思想政治工作人员和党务工作人员不低于全校师生人数的 1% 等要求落实到位。经过长期的探索和不懈的努力，辅导员队伍结构不合理、数量不充足、素质不高等一系列问题得以缓解，高校辅导员队伍建设取得了重要的进展，队伍规模不断扩展，育人水平不断提升，涌现出的一大批优秀中青年辅导员担任思想政治工作战线的主力。当前，世界正经历百年未有之大变局，我国正处于实现民族复兴的关键时期，高校辅导员自身建设在使命任务要求、外部社会环境等方面正面临着许多新情况和新变化，给新时代高校辅导员队伍建设带来了深刻的影响。因此，新时代高校辅导员队伍建设要实现从数量型向质量型的深刻转变，尤其在政治思想素质、师德师风、遵章守纪、职责履行、职业道德水平、工作创新、工作能力、立德树人效果、职业能力提升等方面，要做到统一标准与严格准入、规范选聘与择优使用、过程控制与动态管理、严格监督与落实责任，让更多学识渊博、理论功底深厚、年富力强、实践经验丰富且能与青年学生打成一片的优秀人才走上辅导员岗位，承担起传播知识、传播思想、传播真理的时代重任。

（二）组织机构：处于从管理型向服务型转变的关键阶段

领导和管理体制是高校辅导员队伍建设的基础，健全和完善领导和管理体制则是辅导员管理组织机构的重要职责。在高校辅导员发展的不同历史时期，党和政府一直高度重视辅导员的领导和管理机构建设。从早在新民主主义革命时期"抗大"的政治部下设组织、宣传、训育、秘书四科，到 1952 年出台的

《关于在高等学校有重点的实行政治工作制度的指示》明确要在高校设立政治工作机构政治辅导处（第一次以文件形式明确政治辅导处的主要任务和工作职责），到 1961 年"高校六十条"首次正式提出设置专职政治辅导员，并于 1964 年开始在教育部直属高校设立政治部来强化对专职政治辅导员的管理工作，我国高校很快建立辅导员的组织管理机构和工作制度。1995 年的《中国普通高等学校德育大纲》明确规定，党委组织部、学生工作部和学校人事处是德育队伍的管理部门。进入 21 世纪后，2006 年的《普通高等学校辅导员队伍建设规定》明确规定，高等学校辅导员实行学校和院（系）双重领导。学生工作部门是学校管理辅导员队伍的职能部门，要与院（系）共同做好辅导员管理工作。院（系）要对辅导员进行直接领导和管理。2017 年《普通高等学校辅导员队伍建设规定》再次强调，高等学校辅导员实行学校和院（系）双重管理。学生工作部门牵头负责辅导员的培养、培训和考核等工作，同时要与院（系）党委（党总支）共同做好辅导员日常管理工作。院（系）党委（党总支）负责对辅导员进行直接领导和管理。当前，高校辅导员继续实行"双重管理"体制，由学生工作部门对辅导员的培养、培训和考核等工作负责，由党委来管政策、管方向、管宏观，由院系来管业务、管考核、管提升。辅导员队伍的管理组织主要表现为校院两级管理组织模式，在组织机构上表现为包括思想政治教育科、资助管理科、心理咨询中心等在内的学生工作部（处）和院系根据分工的不同而具体设立的学生工作办公室、分团委办公室、年级办公室等管理部门。当前这种"双重管理"体制基本上在全国各高校落实到位，这些组织机构在主管辅导员成长和成才等方面发挥了不可低估的推动作用。然而，依然存在对辅导员的管理过于死板僵硬，从而造成辅导员队伍缺乏活力的现象。高校有关辅导员管理组织机构的管理精细化程度有待提高，执行力有待加强，管理服务的科学化、现代化水平需要进一步提升。因此，新时代高校辅导员队伍建设要从组织机构上实现从管理型向服务型的转变，需要优化组织设置，引导院（系）组织逐步从管理型向服务型转变，使基层组织机构的服务意识不断增强，服务功能不断健全，服务方式不断创新，服务内容不断丰富，着力把这些组织机构打造成为辅导员队伍建设的战斗堡垒，努力建成马克思主义理论研究高地、马克思主义理论人才培养基地、马克思主义意识形态阵地。

（三）学科建设：处于从多向发力向全面支撑转变的关键阶段

学科建设为高校人才培养提供知识和智力支撑，它是高校辅导员队伍建设的关键环节，能为辅导员队伍的创新发展提供可靠的平台。高校辅导员队伍建设百年探索的实践表明，基础性、先导性、全局性的学科建设大大推动了高校辅导员的队伍建设。特别是进入21世纪以来，党和政府将马克思主义理论学科建设作为一项重要的基础工程来抓，重视以学科建设这一先导来推动高校辅导员队伍建设，以专业学科支撑和推动辅导员专业化建设。经过长期的摸索前行，马克思主义理论研究正呈现出学科体系构建向着整体化、学理化、系统化的方向发展，理论研究回应时代主题，研究思路带动基础理论研究三大趋势，马克思主义理论学科在学科布局、队伍建设、人才培养、科学研究等方面取得了丰硕的成果，迈上了一个前所未有的新台阶。然而，当前部分高校依然存在学科建设无法有效地推动高校辅导员队伍建设的现象，尚未能彻底克服重理论轻实践、重传承轻创新、重诠释轻探究的弊端，从而造成学科建设对高校辅导员队伍建设的支持乏力，产生理论学习的广度和深度有所欠缺、与现实结合不紧不实、内容空洞、言之无物等不良后果，更制约了高校辅导员队伍高质量建设、可持续发展。因此，新时代高校辅导员队伍建设要将强化马克思主义理论学科建设作为重要的支撑点，推动学科建设从多向发力向全面支撑转变；要充分发挥这一学科对队伍建设的促进作用，就要正确处理学科建设与辅导员队伍建设的辩证关系，增强问题意识，并加大对思想政治教育中的新问题、真问题、重难点问题的研究力度，推进学科研究成果支撑、赋能队伍建设，实现寓研于教、以研促教、教研相长，切实提升学科建设对队伍的驱动和引领作用。

（四）培养培训：处于从效率增长向效果提升转变的关键阶段

实践表明，高校思想政治教育工作成果的优劣与辅导员队伍培养、培训状况有着密切的关联。尤其是改革开放之后，党和政府高度重视辅导员的培养、培训问题，以辅导员的现实需求为出发点，提升辅导员的综合素质，进而促进辅导员队伍的全面发展。自1984年以来，一些高校先后招收了思想政治教育专业第二学士学位本科生和硕士研究生，开辟了培训思想政治教育专门人才的有效途径。1990年的《关于加强高等学校专职思想政治工作者正规培训的通知》提出，对专职辅导员开展思想政治教育的专门培训，要制订长远的计划，着力培养思想政治教育专家队伍。在1994年中央召开第二次全国教育工作会议后，又相继颁布了《中共中央关于进一步加强和改进学校德育工作的若干意见》等若干制度文件，着重对辅导员的培养和培训进行了明确规定。进入21世纪后，为了推动辅导员的职业能力提升和职业发展，《普通高等学校辅导员队伍建设规定》明确要求各地建立辅导员培训和研修基地，承担所在区域内高等学校辅导员的岗前培训、日常培训和骨干培训。随后，《2006—2010年普通高等学校辅导员培训计划》发布，2007年教育部设立首批21个高校辅导员培训和研修基地，2008年辅导员专项博士学位招生计划启动，辅导员培训专项经费设立等措施作为补充，进一步完善了辅导员培训与研修体系，促进了高校辅导员知识水平和综合素养的大幅度提升。进入新时代，为进一步提高辅导员培训和研修质量，又颁布了《教育部高校辅导员培训和研修基地建设与管理办法（试行）》《教育部高校辅导员培训和研修基地建设与管理基本标准（试行）》《普通高等学校辅导员培训规划（2013—2017年）》等，逐步构建了完善的辅导员培训体系，进一步提高了辅导员的综合能力和整体素质。2014年颁布的《高等学校辅导员职业能力标准（暂行）》，对高校辅导员职业概况、基本要求和各级能力标准进行了明确的规范与要求，为辅导员队伍培养和培训指明了方向。尤其修订后的《普通高等学校辅导员队伍建设规定》更是在第14、15条中就辅导员培训规划、三级辅导员培训体系的建立、培训研修基地的设立等方面进行了明确的规定，逐步建立起多层次、多角度、全方位的培训和教育体系，为提升辅导员专业水平和综合素养提供了条件保障。经过长期的探索，一套完整且具有强制力的贯穿国家、省、市、高校的高校辅导员培养培训体系逐步建立，培训规模稳步提升，培训质量显著提高，培训基础能力建设不断加强，高校辅导员整体素质得到了全面提升。新时代高校辅导员队伍培养和培训要实现从效率增长向效果提升的大转变，需要把加强辅导员培养和培训摆在战略位置，着力补短板强弱项，以高质量教育培训持续推进这支队伍的稳步发展。

三、新时代高校辅导员队伍建设的新机遇

当前，我国正处在迈上全面建设社会主义现代化国家的新征程，以及向第二个百年奋斗目标进军的关键时刻。站在新的历史起点上，高校辅导员队伍建设迎来了理论机遇、实践机遇、时代机遇、战略机遇、政策机遇、转型机遇，使我们对培养一支理想和信念坚定、理论知识完备、业务技能扎实、勇担时代大任的辅导员队伍有了充足的底气和必胜的信念。

（一）理论供给是新时代高校辅导员队伍建设的理论机遇

理论创新离不开时代机遇，历史机遇对创新理论弥足珍贵。历史发展的

规律告诉我们，把握时代脉搏、倾听时代呼声、回答时代提出的问题是理论创新的动力和基础。习近平新时代中国特色社会主义思想，正是适应时代需要而形成、引领时代进步而发展的具有划时代意义的思想体系。新时代以习近平同志为主要代表的中国共产党人创立了习近平新时代中国特色社会主义思想，明确坚持和发展中国特色社会主义的基本方略，提出了系统、完备的治国理政新理念、新思想、新战略，成为新时代高校辅导员队伍建设必须长期坚持的指导思想和根本依据。2022年，习近平总书记在中国人民大学考察时指出："培养社会主义建设者和接班人，迫切需要我们的教师既精通专业知识、做好'经师'，又涵养德行、成为'人师'，努力做精于'传道授业解惑'的'经师'和'人师'的统一者。"[1]坚持教育者先受教育，将习近平新时代中国特色社会主义思想融入辅导员队伍培养全过程，特别是要引导他们学习和领悟习近平总书记关于教育的重要论述，深刻理解思想政治教育规律、青年学生成长成才规律，不断激发自身的内生动力，不断增强爱人爱己的能力。习近平新时代中国特色社会主义思想是马克思主义中国化的最新理论成果，内容丰富，博大精深，涵盖了经济、政治、文化等各个方面。用这一科学理论武装辅导员头脑，是实现辅导员育人能力提升的根本保证。

（二）伟大实践是新时代高校辅导员队伍建设的实践机遇

党的十九大对决胜全面建成小康社会、开启全面建设社会主义现代化国家新征程做出了新部署，提出分两个阶段全面建设社会主义现代化国家的战略安排。党的二十大擘画了全面建成社会主义现代化强国、实现第二个百年奋斗目标、全面推进中华民族伟大复兴的宏伟蓝图，吹响了迈进新征程的时代号角。当代中国正经历着我国历史上最为广泛而深刻的社会变革，也正进行着人类历史上最为宏大而独特的实践创新。中国特色社会主义新时代伟大实践作为高校辅导员队伍建设的现实土壤，能够为高校辅导员队伍建设提供源源不断的养分，让学生成长的引路人、同路人、开路人——辅导员得到滋养、全面发展。一旦脱离这一伟大实践，高校辅导员队伍建设将成为无源之水、无本之木。新时代高校辅导员队伍建设唯有根植于新时代中国特色社会主义建设的实践，把

---

[1] 习近平在中国人民大学考察时强调 坚持党的领导传承红色基因扎根中国大地走出一条建设中国特色世界一流大学新路［EB/OL］.（2022-04-25）［2023-07-20］. http://jhsjk.people.cn/article/32408562.

加强高校辅导员队伍建设作为教育事业发展最重要的基础工作来抓，把辅导员人生理想融入党和人民的事业之中，把辅导员队伍综合素质提升与党和人民事业紧密联系起来，自觉把民族复兴和中国梦融为一体，才能实现为党育人、为国育才的时代重任。新时代高校辅导员队伍建设的新使命就是要紧紧围绕第二个百年奋斗目标和总任务而展开，把辅导员的思想和行动统一到党的二十大精神上来，把力量凝聚到党的二十大确定的各项任务上来，进一步提升辅导员队伍开展思想理论教育和价值引领的能力。

（三）历史方位是新时代高校辅导员队伍建设的时代机遇

历史方位是时空交汇的坐标系。认清历史方位是实现科学发展的前提，历史方位是决定发展方向、选择正确路径的根本性问题。在面向新时代中国特色社会主义进入了新时代这一新定位和重大政治判断的背景下，高校思想政治教育的基础环境、基础条件、外部形势正在发生很大的变化，为高校思想政治教育创造了新环境，构建了新格局，带来了新机遇。新时代错综复杂、深刻变化的发展环境推动着高校思想政治教育环境的动态性、复杂性、多变性、综合性、开放性日益加强，给高校育人工作带来了深刻的影响。在这样的环境下，高校思想政治教育的难度与复杂性大大增加，加强思想政治教育也显得尤为迫切和突出。辅导员队伍作为高校思想政治教育的骨干力量，唯有强化素质能力提升、持续推进高校辅导员队伍建设才能适应新时代的发展要求。习近平总书记指出："正确认识党和人民事业所处的历史方位和发展阶段，是我们党明确阶段性中心任务、制定路线方针政策的根本依据，也是我们党领导革命、建设、改革不断取得胜利的重要经验。"[1] 我们党全部的历史经验证明，认清党和人民事业所处的历史方位和发展阶段至关重要，是我们事业胜利的前提。进入新时代，专业化、高素质的辅导员队伍是确保高校思想政治教育完成立德树人根本任务、推动高校思想政治教育健康发展的基础保障，必须把握辅导员队伍高质量发展的内涵，探索辅导员队伍高质量发展的实践路径。

（四）服务大局是新时代高校辅导员队伍建设的战略机遇

以习近平同志为核心的党中央提出中华民族伟大复兴战略全局、世界百年

---

[1] 把握新发展阶段，贯彻新发展理念，构建新发展格局 [EB/OL]. (2021-04-30) [2023-07-20]. http://jhsjk.people.cn/article/32093257.

未有之大变局的重大论断，这是当前和今后一段时间我国面临的国内和国外两个大局。"两个大局"之间是辩证统一的关系，二者相互交织、相互激荡、相互影响。胸怀"两个大局"，做到心中有数，以此为基本出发点谋划工作，既是新形势下的必然要求，也是做好一切工作的战略机遇。以深邃的历史眼光和国际视野来看，唯有在了解大局、把握大局、主动融入、主动作为的基础上，才能持续推进高校辅导员队伍建设，辅导员队伍素质和整体工作水平才能取得显著的成效。从国情来看，当代中国正处于近代以来最好的发展时期，各方面的发展已经站到了新的历史起点上，实现了马克思主义中国化、时代化的飞跃，开辟了中国特色社会主义理论和实践发展的新境界。新时代以来，我国改革开放和社会主义现代化建设取得了举世瞩目的历史性成就。党和国家事业发展的全局既为辅导员队伍专业化、职业化发展提供了新的时代内容，也为辅导员队伍建设带来了强大的动力与有力的支撑。从世情来看，当今世界正在经历百年未有之大变局，国际环境日趋复杂，发展中国家的崛起速度之快前所未有，各种社会思潮相互激荡，意识形态领域波澜迭起，文化发展更加多样化，不同文化交流更加频繁。我们必须着力建设一支政治素质过硬、业务能力精湛、育人水平高超的高素质、专业化辅导员队伍，为培养堪当民族复兴重任的时代新人提供重要保障。面临"两个大局"的深刻变革和带来的新变数、新问题，高校辅导员队伍建设要深刻认识和准确把握新时代人才培养工作面临的新形势、新任务，聚焦结构优化、育人实效、示范引领、职业发展，推动高校辅导员队伍建设高质量发展，着力打造一支能牢牢抓住"两个大局"中的有利变局，并在迅速变化的世界中赢得主动、赢得优势、赢得未来的高素质专业化辅导员队伍。

（五）高度重视是新时代高校辅导员队伍建设的政策机遇

进入新时代以来，我国高校辅导员队伍建设已经站在新的历史起点，正处于黄金发展期、难得机遇期、奋力跨越期。以习近平同志为核心的党中央高度重视教师队伍建设问题，始终把教师队伍建设作为最重要的基础性工程来抓，为新时代高校辅导员队伍建设高质量发展提供了保证。新时代以来，以习近平同志为核心的党中央高度重视高校教师队伍建设，多次围绕教师队伍建设发表了一系列的重要讲话并做出了重要的指示，大大推动了新时代高校辅导员队伍建设高质量发展。习近平总书记在党的十九大、二十大报告中反复强调要培养高素质教师队伍。同时，习近平总书记又分别在 2016 年全国高校思想政治工作会议、2018年全国教育大会等会议上发表了一系列重要讲话,为新时代新征程辅导员建设工作指明了前进的方向。党的十八大以来,习近平总书记先后到访过北京大学、北京师范大学等多所国内高校。另外,先后颁布了《全国大学生思想政治教育工作测评体系(试行)》《高等学校辅导员职业能力标准(暂行)》等多个制度文件,又通过启动学位专项计划、建设培训研修中心、举办职业能力大赛等来推动高校辅导员队伍建设。习近平总书记每一次重要讲话、到访和每一项重大举措无不体现了对包括辅导员等在内的高校教师的殷切期望,以及对高校教师队伍建设的高度重视。

(六)教育改革是新时代高校辅导员队伍建设的转型机遇

经过长期的改革与发展,高校辅导员队伍不断壮大,结构不断优化,专业水平和职业能力不断提高,建设体制和机制不断健全和完善,在人才培养、维护高校和谐稳定、推进高等教育建设发展中做出了重要贡献。党的十九大报告提出,建设教育强国是中华民族伟大复兴的基础工程,必须把教育事业放在优先位置,深化教育改革,加快教育现代化,办好人民满意的教育。2019年,我国第一个以教育现代化为主题的中长期战略规划《中国教育现代化2035》正式出台,明确到2035年总体实现教育现代化,并迈入教育强国行列,并要求各级党委把教育改革发展纳入议事日程。2020年10月,党的十九届五中全会审议通过的《中共中央关于制定国民经济和社会发展第十四个五年规划和二〇三五年远景目标的建议》明确强调要建设高质量教育体系。党的二十大报告强调,要深化教育领域综合改革。另外,《中共中央 国务院关于全面深化新时代教师队伍建设改革的意见》《深化新时代教育评价改革总体方案》等系列文件的发布,进一步增强教育改革发展活力和加快推进教育现代化、建设教育强国。党的十八大以来,教育强国上升为国家战略,而加强包括辅导员在内的高校教师队伍建设更成了实施教育强国战略、深化教育体制改革的一项基础性工作。新时代推进教育现代化、建设教育强国,必须坚定不移地加强党对教育事业的全面领导,切实把教育理念、教育行动统一到党的教育方针上来,充分发挥包括辅导员等在内的高校教师的主力军作用。高校辅导员队伍承担着为党和国家培养时代新人的重任,需要牢牢把握教育改革的重要机遇来实现新时代高校辅导员队伍的转型与发展。

四、新时代高校辅导员队伍建设的新环境

新时代高校辅导员队伍建设是一项极其复杂的系统工程，影响与制约辅导员队伍建设成效的环境因素涉及多个方面；除受辅导员自身、高校及其院系等高校内部因素的影响之外，还受到政治、环境、法律等高校外部因素的影响。以下将 SWOT 分析法与 PESTEL 分析法相结合，全面分析新时代高校辅导员队伍建设在政治、经济等方面所面临的优势和劣势。

（一）"内部优势"环境因素

在 SWOT 分析法中，优势代表能给高校辅导员队伍建设带来的积极因素。

1. 政治优势

新时代以来，以习近平同志为核心的党中央高度重视教师队伍的建设问题，始终把教师队伍建设作为重要的基础性工程来抓。习近平总书记曾在不同场合多次强调教师工作的重要意义，对广大教师提出殷切的希望。党的十八大、十九大和二十大都强调要加强教师队伍建设，提高师德水平和业务能力，增强教师教书育人的荣誉感和责任感；加强师德师风建设，培养高素质教师队伍，倡导全社会尊师重教。2017 年，习近平总书记主持十九届中央深改组第一次会议审议通过《中共中央 国务院关于全面深化新时代教师队伍建设改革的意见》，推动教师队伍建设改革，推动解决制约教师队伍建设的重大问题。习近平总书记始终心系教师、情系教师，对教师队伍建设做出了系列的重要指示。每逢教师节，都向全国广大的教师和教育工作者致以节日的祝贺和诚挚的慰问。习近平总书记还多次到学校慰问教师，与广大教师开座谈会，等等。这些均充分体现了以习近平同志为核心的党中央对包括辅导员在内的教师队伍的高度重视。

2. 经济优势

经济是影响人类社会生存和发展的重要因素，对高等教育的发展也起着决定作用。当前，我国经济发展面临的外部环境发生了变化，贸易保护主义抬头，经济全球化遭遇逆流，但是我国经济韧性强、潜力足、长期向好的基本面没有改变。新时代以来，GDP 从 54 万亿元增长到 114 万亿元，我国经济总量占世界经济的比重达 18.5%，提高 7.2%，稳居世界第 2 位。经济总量和人均水平持续提高，意味着我国的综合国力、社会生产力、国际影响力、人民生活

水平进一步提升，也意味着支持高校辅导员队伍建设的经济基础更加牢固。习近平总书记在2018年全国教育大会上强调，教育投入要更多向教师倾斜，不断提高教师待遇，让广大教师安心从教、热心从教。《2023年全国两会政府工作报告》明确指出，财政性教育经费占国内生产总值比例每年都保持在4%以上，学生人均经费投入大幅增加。我国经济的卓越发展为包括教师队伍培养与建设等在内的高等教育发展提供了重要的物质保障，也成为我国高校辅导员队伍建设重要的优势之一。

3. 社会优势

尊师重教的社会氛围是高校辅导员队伍成长和发展的保障。党的十八大以来，以习近平同志为核心的党中央高度重视教师队伍建设，在不同场合多次强调教师工作的重要意义。全社会大力弘扬尊师重教的社会风尚，已经形成优秀人才竞相从教、广大教师尽展其才、"四有"好老师不断涌现的良好局面。全社会对包括辅导员等在内的教师职业认同度加深，教师政治地位、社会地位、职业地位显著提高，教师的职业幸福感和成就感不断增强，尊师重教蔚然成风，这些为高校辅导员队伍建设营造了良好的氛围。

4. 技术优势

科学技术的发展对辅导员发展和队伍建设产生了重要的作用。新时代以来，以习近平同志为核心的党中央对科技创新工作给予了高度重视。国家先后印发了《国务院关于印发新一代人工智能发展规划的通知》《教师教育振兴行动计划（2018—2022年）》等文件，推动教师适应人工智能等新技术。为推进人工智能等新技术与教师队伍建设深度融合，2018年教育部印发了《关于开展人工智能助推教师队伍建设行动试点工作的通知》，2021年教育部印发了《关于开展第二批人工智能助推教师队伍建设试点推荐遴选工作的通知》，在100个单位实施第二批人工智能助推教师队伍建设试点工作，这些大大提升了包括高校辅导员等在内的教师队伍的整体素质。同时，国家和各地高校充分利用新一代信息技术的优势加大赋能教师队伍建设力度。比如，2022年上线的国家智慧教育公共服务平台、北京理工大学的虚拟仿真思政课体验教学中心等，有力提升了高校辅导员队伍的建设成效。人工智能等新技术与高校辅导员队伍建设深度融合，体现了大势所趋、发展所需、改革所向。

5. 环境优势

这里的"环境"主要是与高等教育密切相关的自然环境和人文环境。和谐的自然环境和人文环境能够给高校辅导员队伍创造良好的工作环境，这既是提高辅导员素养，并推动高等教育高质量发展的前提，又是全面培养具有生态意识和实践能力的时代新人的必然要求。新时代以来，党和政府高度重视环境保护工作，采取一系列保护和改善生态环境的重大举措来加大生态环境的建设力度，持续推进美丽中国建设。这些均为高校辅导员的成长和发展奠定了坚实的自然环境基础。同时，与辅导员紧密相关的校园文化也是影响其发展的因素。2004年印发的《教育部共青团中央关于加强和改进高等学校校园文化建设的意见》对进一步加强高校校园文化建设提出了具体要求。习近平总书记指出：要注重文化浸润、感染、熏陶，既要重视显性教育，也要重视潜移默化的隐形教育，实现入芝兰之室久而自芳的效果。2016年，习近平总书记在全国高校思想政治工作会议上也强调，要更加注重以文化人，以文育人，广泛开展文明校园创建。自2006年起至今，由教育部等单位共同举办"全国高校校园文化建设优秀成果"评选活动，大力推进了高品位校园文化建设。另外，各地高校也高度重视校园文化与和谐校园的建设，逐渐把学校建设成校园环境优美、教育理念先进、育人氛围浓厚的立德树人主阵地。新时代以来，各地各类高校全面提升校园文化建设水平，建成了充分体现社会主义时代特征和学校特色的校园文化。

6. 法律优势

纵观改革开放以来的教育发展历程，几乎在教育事业发展的每个关键阶段，中央都专门出台文件，对高校教师队伍建设做出明确的安排和重大的部署，全面推进高质量教师队伍建设。多年来，有关部门就辅导员队伍建设先后颁布了《普通高等学校辅导员培训规划（2013—2017年）》《高等学校辅导员职业能力标准（暂行）》等法律政策文件，成为促进辅导员综合素养和专业能力提升、推动高校辅导员队伍建设的重要法律依据和制度保障，奠定了新时代高校辅导员队伍建设坚实的法律基础。

（二）"内部劣势"环境因素

在SWOT分析法中，劣势主要基于内外部竞争环境和竞争条件下的态势分析出高校辅导员队伍建设所存在的劣势与不足，这些劣势影响与制约着高校辅导员队伍的建设成效。

1. 政治劣势

2019年，全国人大常委会高等教育法执法检查的结果表明，当前高校教师队伍建设也存在部分高校的教师编制不足与高校发展需求不匹配、教师参与国际竞争的能力不足、培养和引进具有国际一流水平的领军人才难度较大、教师职务晋升与考核机制不尽科学、教师流动相关政策供给不足、西部和东北地区高层次人才流失严重等问题。这些问题归根结底在于教师队伍建设体制和机制的改革不够彻底，依然需要进一步完善和健全教师队伍建设改革制度体系。2018年，党中央、国务院印发了自中华人民共和国成立以来党中央出台的第一个专门面向教师队伍建设的里程碑式政策文件——《关于全面深化新时代教师队伍建设改革的意见》，推动教师队伍的建设和改革。

2. 经济劣势

从国际来看，世界经济深度调整，复苏乏力，国际贸易增长低迷，金融和大宗商品市场波动不定，地缘政治风险上升，外部环境的不稳定、不确定因素增加，对我国发展的影响不可低估。从国内来看，长期积累的矛盾和风险进一步显现，经济增速换挡，结构调整阵痛，经济下行压力加大。因此，不论从短期，还是中长期来看，国内外经济环境都将对我国经济发展带来一定的影响，并在一定程度上影响着高校辅导员队伍的建设成效。

3. 社会劣势

当前，我国正处于改革攻坚期、发展关键期、矛盾凸显期，经济社会快速转型，社会公共事务领域矛盾多、任务重，经济体制变革、社会结构变动、利益格局调整、思想观念变化带来了许多深层次的矛盾和问题。习近平总书记在党的二十大报告中指出，拜金主义、享乐主义、极端个人主义和历史虚无主义等错误思潮不时出现，网络舆论乱象丛生，严重影响人们思想和社会舆论环境。这些都构成了高校辅导员队伍建设外部社会环境的不良因素，影响与制约高校辅导员队伍建设。

4. 技术劣势

科技是把双刃剑。推进大数据、云计算、人工智能、区块链、5G等新一代信息技术与教育教学深度融合，无疑是赋能教师专业发展、深化教师评价改革、推动教师队伍建设的有力抓手，有助于破解高校教师队伍建设的痛点问题。但是，若不对一些新技术加以合理利用，势必陷入困境，会给高校教师队伍建设带来严峻的挑战。比如，元宇宙作为一个多种技术融合而成的虚拟空间，能够为辅导员队伍培训提供沉浸式体验，但数据采集等环节易遭遇数据隐私泄露，元宇宙的成瘾机制容易造成辅导员逃避现实且沉溺于虚拟世界，导致辅导员理想和信念动摇、价值观念扭曲，最终影响高校辅导员队伍的建设效果。又如，以ChatGPT为代表的前沿人工智能，既能解答辅导员的困惑，也能持续优化并完成辅导员设定的特殊任务，但 ChatGPT 在高校辅导员队伍建设中会产生作弊与学术不端、沉迷和依赖弊端凸显、加剧知识摄取碎片化等弊端，成为制约辅导员成长与队伍建设的技术短板。

5. 环境劣势

新时代以来，我国生态文明建设迈向新台阶，环境质量稳中向好，生态文明建设硕果累累，绿色发展成效举世瞩目。但是也出现了优质耕地和生态环境占用过多、产业和能源结构不合理导致资源浪费严重、监管职能交叉和权责不一致、环境保护形式主义等现象，这些给辅导员成长发展及其队伍建设带来了一定的负面影响。同时，高校校园文化建设也存在缺乏长远性规划、缺乏对校园精神的培育和提炼、对教育发展理念凝练和升华不足等问题，既影响了校园文化建设的效果，也影响了辅导员队伍的发展。

6. 法律劣势

当前，我国正处于实现"两个一百年"奋斗目标的历史交汇期，全面依法治国任务依然繁重。高等教育领域是全面依法治国系统工程不可分割的有机组成部分，部分教育法规制度依然存在有效性、协调性、科学性有待加强及系统性不够、制度缺位、规范滞后等问题。高校辅导员队伍建设将制度政策转化为可操作、可执行的规章体系力度不够，尚未形成集法律、法规、政策、规章于一体的、有机衔接的制度体系。当前，加快推进高等教育现代化发展，会遇到与原有法规不兼容、现有法规体系及相关政策不明晰等情况，这就需要突破原有的法规条文或政策，以法治精神作为指导，始终确保在法治轨道上推进高校辅导员队伍建设的高质量发展。

（三）"外部机会"环境因素

在 SWOT 分析法中，机会主要是指有利于推动高校辅导员队伍建设的有利条件与形势。

1. 政治机会

习近平总书记在党的十九大报告中指出，世界正处于大发展大变革大调整时期，和平与发展仍然是时代主题。世界多极化、经济全球化、社会信息化、文化多样化深入发展，全球治理体系和国际秩序变革加速推进，各国相互联系和依存日益加深，国际力量对比更趋平衡，和平发展大势不可逆转。和平、发展、合作、共赢的历史潮流已经成为新时代高校辅导员队伍建设的全球环境。新时代新形势下，党和政府高度重视高等教育的发展，实施科教兴国战略，发挥高校全体教师队伍在全面建设社会主义现代化国家进程中的"生力军"作用，这些为新时代高校辅导员队伍建设提供了难得的时代机遇。

2. 经济机会

如今，世界经济形势瞬息万变，受到一些不确定因素的影响而增速放缓。党的十九届五中全会对我国"十四五"时期的发展做出了全面规划，提出加快构建以国内大循环为主体、国内和国际双循环相互促进的新发展格局。这是以习近平同志为核心的党中央根据我国新发展阶段、新历史任务、新环境条件所做出的重大战略决策，必将为我国经济发展开辟空间，为世界经济复苏和增长增添动力。总之，世界经济形势逐步向好的趋势和我国经济表现出的"一枝独秀"的发展态势必定给高校辅导员队伍建设奠定坚实的经济基础。

3. 社会机会

社会主义核心价值观作为中国特色社会主义的主流意识形态，是社会主义国家建构的在社会精神生活领域占主导和引领地位的价值观念体系和行为规范体系，是社会主义意识形态的本质体现，是包括辅导员在内的高校教师队伍的共同思想基础。新时代以来，党的创新理论深入人心，社会主义核心价值观广泛传播，中华优秀传统文化得到创造性转化、创新性发展，文化事业日益繁荣，网络生态持续向好，意识形态领域发生全局性、根本性的转变。这些有助于增强辅导员的思想认同、情感认同和价值认同，有助于引导辅导员成为社会主义核心价值观的杰出传播者和弘扬时代主旋律的自觉践行者。

4. 技术机会

党的十八大以来，以云计算、物联网、大数据和人工智能等为代表的新一代信息技术蓬勃发展。为此，党和政府从制度安排层面进行顶层设计，并颁布了《新一代人工智能发展规划》等制度文件，为推动人工智能等新技术进入高等院校指引了前进的方向。各地高校如南京大学、吉林大学、天津大学等成立人工智能学院或创建了相关专业，既培养了人工智能人才，也为高校辅导员的成长及队伍建设提供了实践经验。新时代以来，党和政府高度重视新技术赋能高等教育问题，这势必给高校辅导员队伍建设带来了重要的机遇。

5. 环境机会

进入新时代的 10 年以来，在习近平生态文明思想引领下，始终牢固树立和践行绿水青山就是金山银山的理念，通过加快发展方式绿色转型，深入推进环境污染防治，提升生态系统多样性、稳定性、持续性，推动绿色发展，稳步迈向美丽中国的美好新图景。我国在生态文明建设方面取得了一系列的显著成就，为包括辅导员队伍在内的高等教育发展提供了坚实的外部环境基础。与此同时，党的十八大以来，各地高校以建设美好校园为方向，大力推进高品位校园文化建设，不断增强辅导员队伍的获得感和幸福感，也为高校辅导员队伍建设提供有力的支撑和保障。

6. 法律机会

在党的十九大和二十大报告中，明确了要坚持全面依法治国，强调要完善以宪法为核心的中国特色社会主义法律体系，为完善高校教师队伍建设法律体系提供了根本依据。党和政府颁布了《高等学校辅导员职业能力标准（暂行）》等新规，也结合新时代教师队伍建设情况，对《普通高等学校辅导员队伍建设规定》《中国共产党普通高等学校基层组织工作条例》等进行了修订，逐步完善了高校教师队伍建设法律体系。新时代以来，在全面推进科学立法、严格执法、公正司法、全民守法，全面推进国家各方面工作法治化这一思想的指引下，高校辅导员队伍建设渐渐走上了法治化道路，进一步加强了高校辅导员队伍建设的法治保障、制度设计，初步形成了比较齐全的制度性框架体系，成为新时代高校辅导员队伍建设重要的法律机遇。

（四）"外部威胁"环境因素

在 SWOT 分析法中，威胁是高校辅导员队伍建设面临的风险并制约建设成效的外部影响因素。

1. 政治威胁

2020 年，习近平总书记在第十七届中国—东盟博览会和中国—东盟商务与投资峰会开幕式的致辞上强调，世界面临的不稳定、不确定因素正在增加，全球经济低迷，单边主义、保护主义抬头，网络安全、重大传染性疾病、气候变化等非传统安全威胁持续蔓延，国际秩序和全球治理体系受到冲击。这些国际政治形势是高校思想政治教育的外部环境之一，其中的各种不利政治因素将长期存在，并影响高等教育的发展。习近平总书记在党的二十大报告中强调指出，当前依然存在一些党员、干部缺乏担当精神，斗争本领不强，实干精神不足，形式主义、官僚主义现象仍较突出。这些均给高校教师队伍建设带来了不利的因素。

2. 经济威胁

当前，国际形势依然复杂和严峻，世界经济增长趋于放缓，外部主要经济体通胀问题比较突出，地缘政治等不稳定和不确定的因素增多，世界经济尚未出现强劲的复苏势头。从国内形势来看，我国经济结构性和体制性矛盾突出，发展不平衡、不协调、不可持续，传统发展模式难以为继，一些深层次体制和机制问题和利益固化藩篱日益显现。国内外经济形势和存在的问题势必会影响到我国经济的高质量发展，也影响到我国高等教育的可持续发展。

3. 社会威胁

随着全球化程度的加深和我国改革开放的进一步深入，国外的各种社会思潮纷纷涌入我国，对我国主流意识形态和高校思想政治教育均构成一定程度的冲击，也对高校辅导员的发展和辅导员队伍的建设产生了负面影响。习近平总书记在党的二十大报告中指出，当前我国意识形态领域存在不少挑战，这些均成为高校辅导员队伍建设的制约因素。

4. 技术威胁

科技的发展为我国高等教育带来了许多新的机会和挑战，也给高校辅导员队伍建设产生了一定的风险。新时代以来，诸如"元宇宙+高等教育""大模型+高等教育""ChatGPT+在线教育"等有关新技术话题层出不穷，在具体运用层面容易引发个人或群体的隐私泄露、对数据的盲目迷信、滥用数据、算法歧视、数字化依赖、信息茧房效应等风险。此外，当前网络舆论乱象丛生也成为高校辅导员成长发展和队伍建设的技术风险。

5. 环境威胁

根据中国气象局气候变化中心发布的《中国气候变化蓝皮书（2022）》内容显示，当前全球变暖趋势仍在持续，2021年中国地表平均气温、沿海海平面、多年冻土活动层厚度等多项气候变化指标打破了观测纪录。当前全球变暖、臭氧层破坏、酸雨污染、水资源危机等环境问题已经成为全人类普遍关注的问题。习近平总书记在党的二十大报告中也强调了当前资源环境的约束趋紧、环境污染等问题突出、生态环境保护任务依然艰巨等客观现实。无论是全球环境还是我国环境，现有的严峻环境现实已成为教师队伍建设的威胁。

6. 法律威胁

以美国为首的西方国家大肆干涉他国内政，公然违反国际法和国际关系基本准则，违反公平竞争、市场经济原则和国际经贸规则，接连出台如《终止中国发展中国家地位法案》《芯片法案》等法律，阻碍我国发展和进步。这些所谓的"法律"在一定程度上势必影响到包括我国高等教育等在内的多方面发展，但是我们有能力突破各种封锁和打压。

第五章

新时代高校辅导员队伍建设存在的问题及其原因

辅导员是高校思想政治教育工作队伍的主体之一，是高校思想政治教育的主力军和骨干力量，高校辅导员队伍建设是高校思想政治教育高质量发展的核心所在。新时代以来，党和政府始终高度重视高校辅导员队伍建设，出台了一系列的方针政策，极大地推动了高校辅导员队伍的建设并取得了历史性的成就，辅导员综合素质能力和工作水平得以大幅提升，辅导员队伍的整体面貌发生了根本性变化，但也存在着许多问题。高校应仔细研究辅导员队伍的现状和发展态势，了解辅导员队伍建设过程中存在的现实问题及其原因，进一步推动辅导员队伍高质量发展。

一、新时代高校辅导员队伍建设存在的问题

当前，高校辅导员队伍建设面临新要求、新挑战，问题主要表现为教育需求与师资供给、规模增长与内涵发展、结构多元与协同转化、理论培养与教学赋能、评价机制与职业发展、外部保障与内部活力之间的矛盾，这些矛盾也正是高校辅导员队伍建设中亟待攻克的难点。

（一）教育需求与师资供给之间的矛盾

辅导员既是高校教师队伍和管理队伍的有机组成部分，也是高校思想政治工作队伍不可或缺的主体部分。新时代高校辅导员队伍建设的根本目标是着力打造一支与建设教育强国相适应的高素质、专业化的辅导员队伍。围绕这一根本目标，新时代高校辅导员队伍建设要将处理好教育需求与师资供给之间的关系放在第一位，促进优质师资均衡配置。

基于教育需求角度而言，加强新时代高校辅导员队伍建设，是促进学生成长、成才和全面发展的需要，是落实好立德树人根本任务的需要，是实现"两个一百年"奋斗目标的需要，也是全面建成社会主义现代化强国的需要，更是全面推进中华民族伟大复兴的需要。打造一支站位有高度、思想有深度、工作有力度、做事有温度的新时代辅导员队伍既是推动立德树人落实见效、实现高校思想政治教育高质量发展的前提，也是着力培养担当民族复兴大任时代新人的保证。辅导员队伍不仅是开展学生思想理论教育和价值引领的专门力量，还是落实党团和班级建设、学风建设、学生日常事务管理、心理健康教育与咨询工作等主要工作的需要。辅导员的岗位职责、角色定位，事关中国特色社会主义高校的性质，事关我国高等教育发展的方向，事关人才培养的目标。

建设政治素质过硬、业务能力精湛、育人水平高超的高素质辅导员队伍，展现了党对教师队伍的全面领导的核心作用，展现了马克思主义在高校思想政治教育中的指导地位。加强新时代高校辅导员队伍建设，其实质是着力突出辅导员在全面落实立德树人根本任务中的重要作用。因此，从本质上来讲，开展高校辅导员队伍建设就是最大限度地满足学生的成长需要、服务学生的成才需求。新时代高校大学生要成为担当民族复兴的时代新人，必须以良好的政治素养作方向，以理论素养作基础，以道德素养作保障。高校辅导员作为学生成长、成才的人生导师和健康生活的知心朋友，在高校学生日常的思想政治教育和管理工作中起着教育者、组织者、实施者、指导者的作用。

基于师资供给角度而言，要做好高校思想政治教育工作、增强育人效果，就必须有数量充足、结构合理、素质优良的辅导员队伍作基础。在党的领导下，高校辅导员队伍的数量、质量和规格均取得了跨越式的提升。然而，目前辅导员队伍的数量与质量尚没有完全实现量质齐升，与客观现实需求、全面落实党中央部署要求之间仍有一定的差距。从供给总量来看，我国高校辅导员队伍坚持"专兼结合、以专为主"配置原则，按照1：200的师生比配备专职辅导员，无论是专职的辅导员，还是兼职的辅导员，其整体规模与思想政治工作需求量相比，还存在一定的差距，辅导员配备数量不够充足，依然制约着思想政治教育工作的开展。比如，重点高校、办学实力强的高校辅导员数量比较充足，部分民办高校、无法解决编制问题的高校辅导员师生结构比相对失衡，高校辅导员队伍存在分布不均的现象。从供给质量来看，优质辅导员师资储备的差异非常大，高水平的思想政治工作骨干力量尤为紧缺，部分辅导员综合素养和能力参差不齐，教育效果不佳，育人能力有限，辅导员队伍整体水平与立德树人的根本要求还存在不小的差距，但总体上仍有较大的提升空间。

从总体上看，我国辅导员队伍数量不足、来源单一、结构性矛盾突出、专业化水平偏低、教师管理机制改革不深入等问题还很突出，这些均影响到辅导员队伍的有效供给程度。高校行政部门、校级与院系学生主管部门、院系、各教学单位等部门之间还没有加大统筹和跨院系、跨部门、跨科室师资资源调整力度，尚没有建立专兼职辅导员"周转池"制度[1]。高校需要始终站在全局、战略的高度认识和把握队伍建设工作，明确加强队伍建设的重要性、紧迫

---

[1]"周转池"制度，是指以高校为单位，探索将辅导员编制"所有权"与"使用权"分离，在不调整各院系原有辅导员编制数量的情况下，把长期闲置不能发挥使用效益的闲置空余编制集中起来，建立"周转池"，向急需的院系或阶段性工作岗位定向定量投放。

性，对未来师资需求结构做出基本的判断，处理好量的合理增长和质的稳步提升之间的矛盾。

（二）规模增长与内涵发展之间的矛盾

中华人民共和国成立以来，党和政府高度重视高校辅导员队伍建设，始终立足时代发展前沿和国家发展大局，教师队伍建设取得了历史性成就，为办好人民满意的教育奠定了坚实的基础，为教育高质量发展提供了有力支撑。然而，辅导员队伍数量尚未完全达到充足的状态，这就成为影响辅导员队伍健康发展的短板。近年来，高校扩招导致在校学生人数急剧上升，辅导员队伍力量不足的问题随之愈演愈烈，继续促进辅导员配备数量增长，是当前高校辅导员队伍建设的方向与趋势。

在进行高校辅导员队伍建设的过程中，需要同时注重数量充足、业务精湛二者的要求，实现队伍建设扩量、提质、增优，尤其要实现以质量为导向的内涵式发展，着力在讲政治、领思想、解矛盾、育新人上下功夫，有助于打造一支规模宏大、师德高尚、业务精湛、结构合理、充满活力的新时代辅导员队伍，不断提升辅导员的理论水平和专业素养，促进思想政治教育的有效性增强。就辅导员思想素质而言，部分辅导员存在师德形象模糊、对职业道德修养的认知不到位、职业目标不明确、职业价值取向功利化和职业价值认同感低、政治立场不够坚定、理想和信念不够坚定等问题。就辅导员专业素养而言，新加入的辅导员尚存在知识体系不够全面、专业技能不够充足、基本的思想政治工作技能缺乏等问题，部分辅导员缺乏扎实的专业功底、综合素质能力，与高要求的思想政治工作难以匹配。此外，不同高校之间的辅导员队伍还存在着差异性，这也影响到整个高校辅导员队伍的整体形象与工作实效。

当前，大多数高校通过调整待遇来加大对人才的吸引力，吸收了大量优秀的人才加盟辅导员队伍，提高了辅导员的整体素质，但是要始终严格按照辅导员职业能力标准，注重师资队伍结构优化和人才资源的整体性开发与利用，开启引才、用才、留才等良性循环。

（三）结构多元与协同转化之间的矛盾

高校思想政治教育在我国高校育人体系中具有核心地位，承担着为国家培养高素质人才的重任。高校思想政治教育涉及政治学、教育学、管理学等多个领域的知识，且与多个教育元素相关联，需要根据职业化、专业化要求来配齐和配强一支专业能力强、政治素质高、结构多元化的专职辅导员队伍。辅导员是思想政治教育的主攻手、学生管理的主导者、学生成长的主心骨。

通过长期打造，我们已经探索并建立起了高校辅导员队伍建设的长效机制，初步形成了一支数量上有保证、能力上不断提高的辅导员队伍，大大缓解了辅导员人数不足的压力。然而，从队伍知识结构、学科背景上看，马克思主义理论专业、思想政治教育专业、心理学、社会学等社会科学和教育管理学专业人员偏少，教师学科背景复杂、过于分散，没有形成老、中、青相结合的最佳结构，基础理论知识、专业知识、相关学科知识不够扎实，这些问题依然客观存在。从育人实践来看，部分缺乏思想政治教育相关学科的专兼职辅导员，工作实践缺乏理论指导，且大多仅停留在理论层面。从学历职称来看，高校内部辅导员之间的学历和职称层次差异明显，不同高校之间的辅导员整体学历和职称情况也存在差别，进而影响育人效果。新形势下，高校思想政治教育出现了很多新特点和新情况，对辅导员也提出了更高的要求，学生的认知结构与内在需要始终处于建构与变动之中，高校需要不断优化辅导员的队伍结构，做到和新时代对思想政治教育的高要求保持一致。新时代以来，一大批政治上可靠、知识广、能力强、素质高的优秀人才被选拔和充实到辅导员队伍当中，辅导员队伍的年龄、知识等结构得以大幅度改善。然而，伴随着辅导员队伍整体规模的增大，部分高校如独立学院、民办高校及西部地区高校辅导员队伍建设结构性失衡、质量参差不齐，没有完全实现辅导员队伍量质齐升的目标。由于新加入辅导员的工作经历、任务重心、知识背景、管理能力等存在差异，辅导员队伍结构复杂多样，造成他们在具体的日常思想政治工作和学生事务管理等方面的育人效果不佳，难以胜任辅导员岗位。

另外，兼职辅导员是高校辅导员队伍建设中的重要组成部分，也是高校思想政治教育工作者中不可缺失的重要组成部分；高校思想政治教育除了需要建设一支以专职为主的辅导员队伍，还需要建设一支相对稳定的兼职辅导员队伍作为有益补充。然而，高校兼职辅导员与专职辅导员尚没有在目标协同、组织协同、动力协同、沟通协调、评估反馈和平台协同等方面实现密切合作。

（四）理论培养与实践赋能之间的矛盾

高校辅导员队伍建设，必须处理好教师引进与教师培养的关系，做到教师引进、培养两手抓，既要重视引进优秀人才，又要加强对现有人才的培养，为提升辅导员整体素质创造良好的成长、成才的环境。尤其在培养辅导员的过程中，要处理好提升理论素养与增进育人能力之间的关系，全面提升辅导员队伍的综合素质，推进辅导员实践工作水平的提升。高校辅导员主要职责之一就是对学生开展思想理论教育和价值引领，然而，部分高校辅导员依然缺乏理论知识储备，如马克思主义理论、哲学、政治学等学科的基础知识，思想政治教育知识，马克思主义中国化、大学生思想政治教育工作实务等专业知识，《中华人民共和国高等教育法》等与大学生思想政治教育相关的法律法规知识。这就需要辅导员坚持学习，将这些知识融会贯通，使之成为自己思考问题、寻找对策、开展工作、解决难题的有力理论指导。

高校辅导员队伍成长与发展并非一蹴而就的，而是需要持续学习和实践的，高校辅导员队伍建设效果也需要在育人的实践中去印证、去反映。因此，加快提升辅导员在思想政治教育实践中的育人能力，也是除理论知识之外的一条重要培养路径。抓住"实践赋能"这一关键突破口，推动高校辅导员队伍建设理念与模式创新。当前，高校辅导员队伍建设尚没有彻底克服"重知识传授、轻能力培养""重理论教学、轻实践锻炼"等不足之处，辅导员的人际沟通、思想政治教育教学、党团组织工作、社会调查与统计分析、实践活动组织开展、基本科学研究、团队合作与管理等方面的能力有待进一步加强。尤其是那些具有丰富理论知识但缺乏实践经验的储备辅导员、新进辅导员，应开展有针对性的思想政治教育实践。另外，高校思想政治教育环境、对象、载体、方法、内容等始终处在变化中，并非所有的辅导员都能做到与时俱进，在教育教学实践中更新教育理念、创新教育模式、提高育人效果，因此要推动辅导员理论知识学习与技能训练的有效结合，提升辅导员思想理论水平和工作实践能力，全面提高辅导员队伍的整体素质。

（五）评价机制与职业发展之间的矛盾

辅导员评价是高校辅导员队伍建设不可分割的组成部分，它既对辅导员自身育人能力评价，又对整个辅导员队伍工作水平评价。建立与完善以辅导员为中心的、与新时代高校辅导员队伍建设需求相一致的评价机制，关系到辅导员的职业发展与队伍的建设成效，关系到学生成长、成才、全面发展，关系到思想政治教育质量。当前，高校思想政治教育有效性评价机制尚未彻底反映辅导员队伍在思想政治教育中的整体效果和价值作用。比如，将辅导员工作效果与英语四六级通过率、卫生达标率、突发事件发生率、考研考取率、就业率等相关联，而忽略或轻视学生的思想教育情况、未来成长发展情况等会导致辅导员工作成效无法得到全面反映和体现。在具体的实际工作中，部分辅导员将工作精力投入具体的评价指标上，以便通过获得更好的评价分数来实现职称评定、岗位晋升、薪资福利等。部分高校受教育评价制度体系尚不健全等因素的影响，仍以"看得见"的评价指标作为主要标准，评审标准尚未真正克服"重科研轻育人""重论文轻实践"等痼疾，不科学的教育评价导向没有得以彻底扭转，给辅导员的职业发展、结构优化带来不良影响。

教育部在《基础教育课程改革纲要（试行）》中明确强调，要建立促进教师不断提高的评价体系，就需要对辅导员开展过程性评价和发展性评价。对辅导员职业活动开展全面、客观、公正的评价，既是对辅导员工作成效的高度肯定与认可，也能促进辅导员形成正确、科学的职业价值观。目前，高校辅导员队伍评价体系依然存在评价内容重教学质量、轻育人质量，评价方式重工作结果、轻管理过程，评价形态重共性评价、轻差异评价，评价主体重行政评价、轻专业评价，以及评价机制重评价实施、轻结果运用等不足。

（六）外部保障与内部活力之间的矛盾

辅导员队伍建设要最大限度地调动辅导员的积极性、主动性和创造性，克服思想僵化，促进工作创新，激发队伍活力。辅导员队伍高质量发展需要良好的外部制度环境、工作环境等作为支撑。当前围绕辅导员职业素质、职业发展、职业荣誉、职业关怀，还需要对辅导员队伍建设的制度、体系、体制和机制进一步深化、完善和创新。通过破除制约辅导员队伍职业发展的体制和机制障碍，为辅导员成长营造良好的外部环境。比如，当前各地政府和高校就辅导员的岗位津贴、职称评定、岗位晋升、培训进修等方面制定相关政策和采取相关措施来支持辅导员的发展，但是依然存在落实不到位的情况。就辅导员培训进修而言，辅导员个性化培训需求有待进一步强化。在科研项目的申报、评审、立项、经费资助、结题等方面，民办高校的辅导员受益面比较小、覆盖面不够全面。政策保障需要进一步明确、细化、加强与落地。

保证这支队伍后继有人、源源不断，除外部保障之外，更为关键的是激发辅导员队伍的内在动力；唯有激发这种内在动力，高校辅导员队伍建设才能迈上新台阶，教师队伍才能呈现出新面貌。在思想文化不断交锋，科学技术日新月异，学生的思想观念和价值取向的多样性、差异性趋于增强的背景下，高校思想政治教育面临的问题日趋复杂，造成思想政治教育有效性提升的难度也在增大。高校辅导员队伍建设要严格把好教育忠诚关、献身教育定力关、教书育人担当关、工作作风自律关。辅导员队伍要不断加强自身建设,不断创新工作方法,完善工作机制,确保思想政治教育工作逐步步入制度化、规范化、程序化轨道,形成强大的凝聚力和向心力。

(七) 机制完善与建设保障之间的矛盾

辅导员扎根立德树人一线,是开展思想政治教育的骨干力量,构建科学、合理的机制体系是高校思想政治教育高质量发展的重要保证。新时代以来,党中央、国务院高度重视教师队伍建设,相继出台了一系列政策措施,如加强高校教师思想政治和师德师风建设工作体制机制,建立考核评价结果分级反馈机制,完善教师发展培训制度。高校结合自身实际,不断完善辅导员队伍管理和发展机制体系,有力地推动了高校辅导员队伍建设的高质量发展。然而,在高校辅导员队伍建设上依然存在一些问题,在高校辅导员队伍建设体制方面依然存在短板。一方面,师德建设长效机制有待健全。部分高校师德建设责任不够明确,对师德师风建设工作重视不够,流于形式,落地不实,或者工作落实多停留在文件、宣讲、讲座和培训上,院系的师德师风工作形式单一,师德建设的覆盖面偏小,效果不佳。同时,在辅导员招聘引进、职称评审、岗位聘用、导师遴选、评优奖励、聘期考核、项目申报等环节,将师德师风作为首要要求和第一标准并没有完全贯彻落实。因此,需要进一步建立健全师德教育、宣传、考核、监督、奖惩等全过程的长效机制。另一方面,辅导员队伍治理机制需要进一步完善。部分高校辅导员的选拔聘用、日常治理、奖惩激励、学习培训、晋级转岗、诚信承诺和失信惩戒、双师型教师培养等机制还存在不完善、不健全现象,这与到2035年要实现教师管理体制和机制科学、高效,实现教师队伍治理体系和治理能力现代化的目标和任务依然还有一定的差距。比如,部分高校为了实现辅导员师生比达标而降低人才引进标准,兼职辅导员遴选出现把关不严、招聘程序不严格,造成辅导员离职率、转岗率居高不下。高校必须直面制约其辅导员队伍建设高质量发展的障碍,着力构建与国家治理现代化同向同行的新时代高校思想政治教育治理体系,激发辅导员队伍的创新活力。

(八) 自身问题与严格要求之间的矛盾

辅导员作为高校辅导员队伍建设的参与者与受益者,其自身问题也影响着高校辅导员队伍的建设成效。当前,高校辅导员自身存在诸如失范、脱节、"失味"、失衡、失序等问题。第一,存在失范问题。作为意识形态工作的前沿阵地，高校的意识形态工作成效直接事关培养什么人、怎样培养人、为谁培养人这个根本问题。加强和改进学生思想政治教育，是推进素质教育、引导学生全面成长的基础工程，辅导员岗位的职业特点和角色价值决定了其理想信念、人生态度、价值取向、道德修养，会对青年学生产生潜移默化的影响。部分高校辅导员自身对有关政策文件的理解囫囵吞枣、模棱两可，向学生传达得不够准确，进而误导学生。个别辅导员思想不正、师风不良、师德不优、行为不端等失范问题，势必给高校辅导员队伍建设带来不可低估的负面影响。第二，存在脱节问题。高校思想政治教育是一项复杂的系统工程，牵扯面广，涉及因素多。应建立和健全上下贯通、执行有力的严密组织体系，把各方面的智慧和力量凝聚起来，形成育人工作心往一处想、劲往一处使的强大合力。然而，现阶段还存在不够协同的问题。如专职与兼职辅导员之间因为工作重心不同而产生协同不畅问题，校内辅导员与街道社区、企事业单位等校外育人主体之间的专业领域不一致而导致的不协同问题，高校辅导员与中小学班主任之间的学段不一致而导致的不协同问题，等等。这些脱节和不够协同问题必然影响与制约辅导员队伍的健康发展。第三，存在"失味"问题。习近平总书记 2016 年在全国高校思想政治工作会议上强调，好的思想政治工作应该像盐，但不能光吃盐，最好的方式是将盐溶解到各种食物中自然而然吸收。然而，部分辅导员未能把握好思想政治教育之"盐"的重要性等，未能用健康向上的教育内容引领大学生成长，围绕政治认同、家国情怀、文化素养等"优质盐"来优化育人，内容供给相对缺乏，甚至存在将历史虚无主义、新自由主义等错误思潮混入思想政治工作中的现象，对学生的健康成长造成了恶劣的影响。这些不会、不擅长放"盐"的辅导员，学生无法从咸淡适宜、味美可口的思想政治教育大餐中汲取营养、受益终身，最终影响与制约高校辅导员队伍建设。第四，存在失衡问题。努力打造一支素质硬、业务精、纪律严、作风正的新时代辅导队伍，这取决于辅导员的综合素质、专业水平和实战能力，以及辅导员团队的协同合作。然而，当前辅导员个体及团队存在综合素质与能力不平衡的现象；主要表现在不同班级辅导员之间，同一、二级学院内部辅导员之间，不同学院辅导员之间，不同高校辅导员之间等存在不平衡的现象，这种辅导员个体之间及这个辅导员队伍之间的不平衡影响了思想政治工作的效果，也制约了辅导员队伍建设整体水平的提升。第五，存在失序问题。合理的辅导员队伍梯队结构是促进辅导员的专业化成长和提高思想政治教育的重要保障；一支新人辈出的高素质辅导员队伍是辅导员队伍全面发展与可持续发展的核心所在。当前，高校辅导员队伍建设进入接棒区，存在中青年骨干教师重点培养中的"揠苗助长"现象。[1]部分身处接棒区的中青年辅导员依然存在尚未真正做好接棒的各项准备,传道受业解惑能力欠缺,传承无私奉献、团结协作、勇于创新的精神尚缺乏等,这导致"老中青"搭配、"传帮带"有序的高校辅导员队伍建设受到影响。

二、新时代高校辅导员队伍建设存在问题的原因分析

高校辅导员队伍建设过程中存在的诸多问题,是主观性因素和客观性因素共同作用造成的结果,这也是新时代高校辅导员队伍建设的现实背景。为了更好地应对以上这些问题,需要对这些问题背后的深层次原因进行分析,只有这样,才能采取有针对性的措施。

(一)辅导员层面

辅导员是高校思想政治教育的重要支柱力量,在育人过程中发挥着不可缺少的重要作用。从辅导员自身来看,主要存在以下一些问题:首先,职业认同感不强。由于职业身份不够清晰,角色定位相对模糊,对思想政治教育工作重要性认识不高,职业要求高,工作职能界定不清,职业满足感偏低,工作压力过大,等等,造成辅导员对自身职业认知陷入误区,导致其对辅导员队伍建设缺乏应有的重视,随之而来将是队伍建设过程中出现精神懈怠、不思进取、工作消极,甚至拖沓敷衍等现象。其次,素质能力相对欠缺。当前辅导员选聘对象并非均是马克思主义理论等相关专业出身,造成新进辅导员无法通过短时间的培训达到思想政治工作的高要求,从而造成队伍建设成效较低。最后,未能充分发挥主观能动性。高校辅导员队伍建设关键路径在于发挥辅导员的主观能动性,辅导员未能发挥主观能动性主要表现在队伍建设过程中的不配合、不协作、不响应,被动、消极应对各种素质能力的提升环节,导致队伍建设无法产生应有的效果。总之,辅导员作为高校辅导员队伍建设的重要参与者,这一层面问题若得不到彻底解决,将最终影响队伍的建设。

(二)家庭层面

高校辅导员的工作繁杂琐碎,耗时长又循环往复,工作负荷和工作压力过

---

[1] 冯秀军. 新时代高校思政课教师队伍建设难点及其突破[J]. 国家教育行政学院学报,2021(1):17-22.

大，辅导员为了谋求自身的事业发展和实际的工作需要，势必投入更多的时间与精力，从而导致自身在子女的教育管理、老人的赡养陪护、家庭成员之间的沟通交流、家庭纠纷及家庭事务处理等方面的家庭角色弱化或缺位，而辅导员自身家庭角色的弱化或缺位易产生家庭矛盾，导致婚姻不美满、与父母关系不融洽等，直接后果是辅导员无法专注工作，缺乏活力和工作热情，并对生活和前景有失落感。因此，要做好一名辅导员，首先需要协调好家庭与工作的关系，做好时间上的合理分配与规划。只有家庭和睦了，人们工作起来才有劲得多。

（三）高校层面

高校是辅导员队伍建设的主要执行者与参与者，也是影响队伍建设成效的关键方。从高校层面来说，辅导员建设存在以下一些问题：首先，对队伍建设工作重视程度不够。部分高校对辅导员队伍建设工作的重要性仍然没有充分认识，对辅导员实行归口管理未能真正落实到位，那种说起来重要、使用起来很重要、没事的时候不重要的现象依然频频出现。其次，存在短视的功利化思维。教师队伍建设因其发展的特殊性，有别于其他行业，需要慢工出细活，任何急功近利式的教师培养之路都不符合教育发展规律与人的成长规律。当前部分高校对于辅导员队伍建设依然存在短视的功利化思维，"在资源有限的前提下，更多投入展示度高、成效显著的事务方向，也是符合成本-收益分析的理性选择"[1]，从而造成高校辅导员队伍建设缺乏长期性、系统性和持续性。再次，科学推进队伍建设的力度不足。主要体现在以下一些方面：亟须进一步加强顶层设计，优化体制和机制，持续优化队伍结构，完善进出机制，全面构建辅导员队伍培养新体系，建立长效培养机制，聚焦综合素质能力培养。最后，协同意识不强，联动机制不全，培育合力不充分。高校辅导员队伍建设需要来自高校内外的培育力量共同参与才能实现，当前部分高校尚未真正实现与校外各种培育力量的协同育人，未能变单打独斗为合力协作，无法实现群策群力、形成合力。

（四）政府层面

各级政府教育行政部门通过制定高校辅导员队伍建设的相关政策，为高校

---

[1] 范赞，王俊. 新时代我国高校辅导员队伍专业化建设内涵再审视：以思想理论教育和价值引领为中心[J]. 思想理论教育，2021（6）：100-105.

辅导员队伍建设提供保障。新时代以来，国家和政府高度重视，坚持把教师队伍建设作为基础工作来抓，教师队伍建设取得了历史性的成就。对于加快推进教育现代化、建设教育强国、办好人民满意的教育，各级政府依然任重道远。首先，对高校辅导员队伍建设的支持力度仍需要加大。面对新时代、庞大的辅导员人数的内在需求、在校学生人数激增及思想政治工作的复杂性，各级政府对辅导员队伍的建设力度仍需要加大。比如，2023年高校思想政治工作骨干在职攻读博士学位的专项计划仅有300个名额，与庞大的提升需求人数相比，依然微不足道。此外，还要加大顶层设计与制度供给，为教师队伍建设提供经费投入、待遇落实、研修培训等方面的支持。其次，队伍建设改革依然需要持续推进。以改革解难题、以改革促发展、以改革求突破已成为新时代高校辅导员队伍建设的内在要求。《中共中央　国务院关于全面深化新时代教师队伍建设改革的意见》作为面向教师队伍建设的里程碑式政策文件，各地政府依然需要再细化、再落实，用改革的思路和狠抓落实的韧劲解决顽疾，大力推进高素质、专业化、创新型高校辅导员队伍建设。最后，政府在队伍建设中的主导作用需要强化。政府要立足国情、省情、市情和校情，通过政策引导，释放体制活力，盘活教育资源，加大统筹力度，突出支持重点，向辅导员队伍及其建设倾斜，强化其在高校辅导员队伍建设中的主导作用。

（五）社会层面

社会因素也是影响高校辅导员队伍建设成效的重要原因。从社会层面来看，主要存在以下一些问题。首先，对辅导员职业缺乏认可。社会各界对辅导员职业及辅导员身份认同较低，始终存在着辅导员并非正式高校教师的错误认知。其次，尊师重教的氛围仍需要持续的营造。当前，全社会尊师重教的氛围还不够浓厚，全社会合力支持教育发展的格局还未完全形成；尊师重教的传统遭遇诸如社会声望、社会地位、职业地位偏低等困境，严重制约辅导员身份认同并影响队伍建设的成效；社会各界依然需要进一步加强对辅导员的关爱，大力营造尊师重教、尊重知识的社会风气，让其享有应有的社会声望和社会地位。最后，社会各类诉求增多。随着经济社会的发展，高校辅导员逐渐在新时期被赋予了新的时代使命，社会对辅导员的期待随之产生。辅导员为此谨小慎微，始终担心工作出现重大失误将产生较大的社会影响。同时，辅导员无法从事务性的工作中"跳"出来，反而被各种工作琐事所困扰。

第六章

新时代高校辅导员队伍建设的实践策略

新时代高校辅导员队伍建设并非一蹴而就，而是需要长期的持续性推动的。打造一支高素质、专业化的辅导员队伍，就是要以习近平新时代中国特色社会主义思想为指导，要坚持高校辅导员队伍建设的基本原则，抓好培养高素质辅导员这一根本任务，分别从辅导员、家庭、高校、政府、社会等层面精准施策，高质量推动高校辅导员队伍建设。

一、新时代高校辅导员队伍建设的指导思想

实践一再证明，推进高校辅导员队伍建设必须坚持正确的指导思想。新时代高校辅导员队伍建设的指导思想是指导高校辅导员队伍建设全部活动的理论体系，是推动高校辅导员队伍建设顺利开展的行动指南；高校辅导员队伍建设要取得成效，就必须始终坚持将正确的科学思想理论作为指导。党的十八大以来，习近平总书记立足全面建设社会主义现代化国家，全面推进中华民族伟大复兴，紧密围绕立德树人这一教育的根本任务，发表系列的重要讲话，做出系列的重要指示和批示，提出许多新理念、新思想、新观点，形成习近平新时代教育观。它是在我国教育改革发展实践经验的基础上提炼、升华而成的，在大力推进高素质教师队伍建设中发挥出巨大的作用，为新时代进一步加强辅导员队伍建设指明了发展的方向。新时代高校辅导员队伍建设必须以习近平新时代教育观为根本指引，从主场思维、战略思维、历史思维、辩证思维、系统思维等方面把握时代特点，在体现时代性、把握规律性、富于创造性中，不断展现蓬勃的生命力。

（一）以主场思维推动辅导员队伍建设

习近平总书记在庆祝中国共产党成立95周年大会上的讲话中指出，在坚持马克思主义指导地位这一根本问题上，我们必须坚定不移，任何时候任何情况下都不能有丝毫动摇。一名合格的高校辅导员，不仅自身要成为马克思主义理论的坚定信仰者、积极传播者、模范践行者，还要引导学生系统掌握马克思主义基本理论，深刻理解马克思主义是如何改变中国的。可见，坚持马克思主义指导地位，可以增强学生对马克思主义的信仰、对中国特色社会主义的信念，这充分体现了马克思主义在高校育人工作中的核心地位。同时，除思想政治理论课教育作为高校学生获得思想政治教育主渠道之外，日常思想政治教育也是学生获得思想政治教育的主要途径、重要阵地，这也成为高校思想政治教

育的关键环节。因此,要充分将马克思主义理论融入高校思想政治教育实践中。辅导员要做好新时代高校思想政治教育,当好青年学子的引路人,就要坚定"四个自信",讲好中国共产党为什么能、马克思主义为什么行、中国特色社会主义为什么好、中华文化为什么强。

(二) 以战略思维推动辅导员队伍建设

战略思维是高瞻远瞩,统揽全局,善于把握事物发展的总体趋势和方向的思维,展示的是看问题的高度和深度。新时代以来,习近平总书记善于观大势、谋全局,紧紧围绕提高战略思维能力做出一系列的重要论述,为我们在新时代加强战略思维训练、提高战略思维能力、做好高校思想政治教育指明了方向。对于高校思想政治教育,要教育引导学生正确认识世界和中国发展大势,从我们党探索中国特色社会主义历史发展和伟大实践中,认识和把握人类社会发展的历史必然性,认识和把握中国特色社会主义的历史必然性,不断树立为共产主义远大理想和中国特色社会主义共同理想而奋斗的信念和信心。高校辅导员队伍要立足党和国家发展全局,站在确保中国特色社会主义事业后继有人的高度,善于把握国内外形势的发展和变化,引导学生充分认识中国特色社会主义道路、理论、制度、文化优势,提高学生明辨是非的能力,培养学生与社会主义现代化建设相符的素质。高校辅导员要在工作中自觉地掌握和运用战略思维,提高战略思维能力,凡事从大处着眼,从大局出发,在前瞻性思考、全局性谋划、整体性推进思想政治教育各项工作上下功夫,将日常思想政治教育工作与国家方针政策、高校未来发展、学生成长和发展相关联,沉着应对各种复杂的局面和挑战,做到胸有成竹、镇定自若、从容应对。

(三) 以历史思维推动辅导员队伍建设

历史思维是指运用马克思主义唯物史观从历史视野和发展规律中思考和分析问题、把握前进方向、指导现实工作的科学思维。习近平总书记所强调的历史思维,就是运用历史唯物主义认识历史、把握现实的科学思想方法,体现为对历史的尊重,把现实置于过去、现在、未来的历史发展过程中进行思考,揭示事物发展的必然规律和内在逻辑。对高校辅导员来说,贯彻历史思维关键在于要善于运用历史的眼光认识发展的规律,把握前进的方向,指导现实工作,通过对历史事实的分析、综合、比较、归纳、概括等认知活动,从而帮助学生认识历史的发展规律,培养学生正确的历史观和世界观,让学生把个人的成长和进步同中国特色社会主义伟大事业、同祖国的繁荣富强紧密联系在一起，并为担负起民族复兴的光荣使命做好准备。对高校辅导员队伍建设来说，要认清思想政治教育发展的大趋势，吸收和借鉴党成立以来不同历史时期辅导员队伍建设的成功经验和国外教师队伍建设的经验与创新做法，更好地推进辅导员队伍的整体建设。

（四）以辩证思维推动辅导员队伍建设

辩证思维是反映客观事物辩证发展过程及其规律性的思维，它是一种承认矛盾、分析矛盾、解决矛盾和善于抓住关键、找准重点、洞察事物发展规律的思维方式。新时代以来，习近平总书记善于运用唯物辩证法谋划高校思想政治教育，他一再强调，高校思想政治工作关系高校培养什么样的人、如何培养人及为谁培养人这个根本问题，要坚持把立德树人作为中心环节，要用好课堂教学这个主渠道；牢牢把握好根本问题，抓住中心环节，用好主渠道，瞄准首要问题，掌握根本任务，这正是注重并善于运用辩证思维观察和处理问题的体现。对高校辅导员队伍建设来说，贯彻辩证思维的关键在于要正确把握新时代对辅导员队伍综合素质能力的客观要求与辅导员实际素质能力之间存在差距的主要矛盾，解决队伍建设过程中的关键问题，抓住持续提升辅导员育人能力这一根本目标，聚焦加快构建高素质的辅导员队伍体系这一主线，抓住实施时代新人培育工程这一关键，推动新时代高校辅导员队伍建设守正创新、不断发展。

（五）以系统思维推动辅导员队伍建设

系统思维就是立足整体，从系统和要素、要素和要素、系统和环境的相互联系、相互作用中来综合地考察和认识对象的思维。习近平总书记指出，系统观念是具有基础性的思想和工作方法。高校"大思政"格局和"三全育人"思想是习近平新时代教育观的系统思维的集中体现。比如，高校要把立德树人融入思想道德、文化知识、社会实践教育各个环节，贯通学科体系、教学体系、教材体系、管理体系；高校人才培养体系涉及学科体系、教学体系、教材体系、管理体系等，而贯通其中的是思想政治工作体系；高校要用好课堂教学这个主渠道，思想政治理论课要坚持在改进中加强，其他各门课都要守好一段渠、种好责任田，使各类课程与思想政治理论课同向同行，形成协同效应；等等。党的十八大以来，习近平总书记在推进思想政治教育高质量发展等方面的思维和决策，表现出系统思维方法的科学性与系统性。这为构建高校"大思政"格局提供了行动指南，以此推动思想政治教育高质量发展，更好地落实立德树人根本任务。就高校辅导员个体发展来说，系统思维的核心是找到关键，找到最重要的各教育要素之间的关系；杜绝将自身成长和发展与日常思想政治教育实践、高校发展等割裂开来、对立起来，杜绝将思想理论教育和价值引领、党团和班级建设等思想政治教育具体工作视作与自身成长毫无关联的育人活动；这就需要站在一定的高度，将能够促进自身成长和发展的各要素有机地融入思想政治教育各个环节、阶段和方面，实现师生一路同行、共同成长。

（六）以创新思维推动辅导员队伍建设

创新思维，是指马克思主义因时制宜、知难而进、开拓创新的科学思维。党的十八大以来，习近平总书记高度重视增强创新思维，多次在不同场合做出了坚持创新在我国现代化建设全局中的核心地位、中国坚持把创新作为引领发展的第一动力等重要论述，要求全党进一步提高创新思维能力。针对高校思想政治教育，习近平总书记在全国高校思想政治工作会议上强调要强化问题导向，弘扬改革创新精神，在破解高校思想政治工作短板上取得实质性进展。新时代要做好高校思想政治工作，要因事而化、因时而进、因势而新；不断更新教育教学理念，拓展教育载体，丰富教育形式，克服思想政治教育表面化、形式化、娱乐化、庸俗化。高校辅导员队伍在思想政治教育过程中深入贯彻创新思维的关键，就是要树立以学生为中心的办学理念，以学生为中心，把历史和现实、中国和世界、理论和实践的生动素材融入思想政治教育，善于进行思路创新、内容创新、教法创新、机制创新、实践创新，善于运用学生喜爱并接受的话语体系、方式和方法等，不断增强思想政治教育的思想性、理论性和亲和力，不断提升学生思想水平、政治觉悟、道德品质、文化素养。另外，当前大学生的学习方式、生活方式、价值理念等深受互联网的影响，辅导员要准确把握新时代大学生"网络原住民"的时代特征，要善于积极运用现代信息技术、新媒体平台等，让思想政治教育在与社会实践的关联和互动中活跃起来，以网上"键对键"带动线下"面对面"，实现线上和线下的同频共振。

（七）以法治思维推动辅导员队伍建设

法治思维是将法律作为判断是非和处理事务的准绳，它要求崇尚法治、尊重法律，善于运用法律手段解决问题和推进工作。党的十八大以来，习近平总书记高度重视法治思维，多次提醒广大思想政治教育工作者，谋划工作要运用法治思维，处理问题要运用法治方式，做到在法治之下，而不是在法治之外，更不是在法治之上想问题、作决策、办事情。习近平总书记强调，对教师队伍中存在的问题，要坚决依法依纪予以严惩，推进多层次多领域依法治理，提升社会治理法治化水平，这为辅导员工作法治化、辅导员队伍法治化建设指明了方向。为此，党中央先后印发了《关于加强和改进新形势下高校思想政治工作的意见》《高等学校辅导员职业能力标准（暂行）》等一系列法律制度文件，这对全面推进高校辅导员队伍建设具有强有力的保障作用。对于高校辅导员个人来说，贯彻法治思维的关键在于做到爱国守法。遵守法律法规，贯彻党的教育方针，依法履行教育职责，维护校园和谐稳定。在具体的思想政治教育工作中，辅导员要学会运用法治思维处理学生的各项事务；同时，把法治理念植根于广大青年学生的大脑，让学生自觉养成办事依法、遇事找法、解决问题用法、化解矛盾靠法的思维模式和行为习惯。就辅导员队伍建设而言，要建立和健全与辅导员相关的法律法规体系，确保辅导员队伍建设有章可循、有法可依，要强化法治的引导、规范和强制作用，不断提升思想政治水平。

（八）以底线思维推动辅导员队伍建设

所谓底线思维，就是客观地设定最低目标，立足最低点，争取最大期望值。高校思想政治教育的各项工作同样也离不开底线思维。底线思维的核心是守住辅导员队伍建设的底线，就是辅导员队伍建设必须坚持的最低的标准、原则、要求和规定。在高校思想政治教育中，运用底线思维是高校思想政治教育坚持正确的政治方向的必然要求。高校应始终坚持强化辅导员的思想政治教育，突出思想引领，把理想信念教育放在首位，突出师德建设，把教书育人落到实处；要充分发挥高校党委把方向、管大局、作决策、保落实的政治核心和领导核心作用，把政治标准放在辅导员队伍建设首位，严格辅导员资格和准入制度，把好辅导员交流、引进、培养、使用关口，敢于行使思想政治、师德师风一票否决权，保证辅导员队伍建设正确的政治方向，保证辅导员成为先进思想文化的传播者、党执政的坚定支持者、学生健康成长的指导者，保证把社会主义核心价值观贯穿教书育人全过程。高校辅导员必须增强主动性、掌握主动权、打好主动仗，加强对校园思想文化阵地的规范管理，防范各种错误思潮和观点在高校传播，帮助青年学生划清是非界限、澄清模糊认识，绝不允许在课堂、讲座、网络等上出现突破政治底线和价值底线的现象。

二、新时代高校辅导员队伍建设的基本原则

新时代以来，以习近平同志为核心的党中央高度重视教师队伍建设，始终把教师队伍建设作为重要的基础性工作来抓。习近平总书记围绕教师队伍建设发表了一系列重要的论述，深刻阐述教师队伍建设的新理念、新模式、新方法和新要求。它是习近平新时代中国特色社会主义思想在教师队伍建设领域的集中体现，为新时代高校辅导员队伍建设提供了依据。新时代高校辅导员队伍建设要以习近平新时代中国特色社会主义思想为根本指引，坚持方向性原则、规律性原则、系统性原则、针对性原则、长期性原则和创新性原则。

（一）坚持方向性原则

方向性原则是反映高校思想政治教育本质的根本原则，离开了方向性原则，辅导员队伍建设就会偏离轨道、迷失方向，既不能达到队伍建设的最终目的，也失去队伍建设的根本意义。高校辅导员是开展大学生思想政治教育的骨干力量，肩负着落实立德树人根本任务、培养社会主义建设者和接班人的重要使命，具有很强的政治性、方向性、指导性。马克思主义是高校辅导员队伍建设的根本指导思想，背离或放弃马克思主义，辅导员队伍建设就会失去灵魂、迷失方向。新时代高校辅导员队伍建设必须坚持以马列主义、毛泽东思想和中国特色社会主义理论体系为指导思想，特别是将习近平新时代中国特色社会主义思想深入贯彻辅导员成长和发展的全过程，融入辅导员队伍建设各方面。辅导员队伍建设必须坚持正确的政治方向，坚定不移地坚持中国共产党的领导。新时代高校开展辅导员建设，要不断增强政治敏锐性和政治鉴别力，善于从政治上划清是非曲直、善恶美丑，在大是大非面前头脑清醒、旗帜鲜明，在大风大浪面前立场坚定、态度明朗，在关键时刻敢于亮剑、挺身而出，带头做到齐心、齐力、齐步，始终保持在政治上坚定自信、在思想上同心同向、在行动上高度自觉。辅导员也要充分认识到自身工作的政治影响和政治意义，站稳政治立场，增强政治定力，切实履行好自己的神圣职责。

（二）坚持规律性原则

规律性原则是根据辅导员队伍建设的目的，有计划、系统、持续地推动辅导员队伍建设的高质量发展。辅导员成长、发展与辅导员队伍建设是一个长期

而复杂的过程，是有一定规律可循的。辅导员队伍建设要充分考虑新时代要求、辅导员具体情况和建设目标等，遵循教育的育人规律和教师的成长规律，体现队伍建设的预见性和前瞻性，规避盲目性、不科学性，选择符合自身实际情况、合乎规律、合乎时代的发展路径，建成一支稳定规范、精干高效、独具特色的辅导员队伍。辅导员的职业能力提升和经验丰富同样也需要长时间的积累与探索。高校辅导员成长、发展是一个循序渐进、螺旋上升的过程，辅导员队伍建设切不可操之过急，急于求成、拔苗助长只会适得其反。辅导员队伍建设要因人而异、因材施教，"一刀切""一锅煮"的培养方式违背辅导员的身心发展。因此，辅导员队伍建设要坚持教师成长规律来培养优秀的辅导员，要从注重选拔、培养、考核等方面同时着手，精准引才、系统育才、科学用才、用心留才，进一步挖掘辅导员队伍的人才潜力，选拔和培养一批优秀的辅导员。

（三）坚持系统性原则

系统性原则即整体性原则，它要求把辅导员队伍建设视为一个系统，以打造新时代高素质、专业化的辅导员队伍为准绳，协调系统中各分系统的相互关系，使系统完整、平衡。高校辅导员队伍建设是一项事关时代新人培养的系统工程，它涉及思想认识、学科建设、人才培养、制度建设、继续教育、职业伦理建设等方面，关系到各个方面、各个层次、各个要素，我们必须要对辅导员队伍建设工作进行系统化、整体化的思考，且要有全局性的认识。一方面，整体功能大于局部功能之和。辅导员队伍建设涵盖了诸如辅导员自身、教育培训体系、政策制度、培育主体、资源保障等高校内部、外部多个子系统，这些子系统不是一个个相互独立的个体，而是相互联系、相互作用、相互依赖、相辅相成、不可分割的有机整体。比如，如何和网络中心、就业处、科研处等部门保持协同，只有确保每个关键环节有效链接和综合协调好，才能推动辅导员队伍建设。又如，对辅导员开展培训的各类资源平台，如何将人工智能、大数据、元宇宙等最新信息技术运用于其中，也影响与制约整个队伍的建设成效。因此，对于辅导员队伍建设的各个方面，均需要高度重视；忽略任何一个方面，终将影响辅导员队伍建设。因此，辅导员队伍建设要做到整体规划、统筹安排，不断提升整支队伍的专业水平和职业能力。另一方面，各个子系统的性质、结构会影响甚至决定着整个系统的功能。辅导员队伍建设并非各个辅导员成长和发展的简单叠加，也不是"1+1=2"那么简单，而是辅导员个体成长与整支队伍发展的深度融合，这也是破除辅导员个体成长与整支队伍发展"两张皮"的有效途径，实现辅导员队伍建设的提质增效。比如，包括在职学位提升、社会实践、培训进修等有关辅导员培育体系都将影响整支队伍的建设质量；又如，辅导员之间相互借鉴、共同提高、取长补短，构建相互交流、相互学习的平台，不断增强辅导员自身的工作水平和业务能力，提升整个辅导员队伍的综合素质。

（四）坚持针对性原则

针对性原则主要是根据辅导员现状及未来发展的需要，有针对性地实施培育，从而达到促进整个辅导员队伍全面发展的目的。辅导员队伍建设要坚持针对性原则，既要对辅导员年龄结构、综合素质、专业背景、绩效考核、责任意识等方面进行反复斟酌，又要对学生的价值取向、社会责任感等方面进行琢磨，更要对新时代对高校辅导员建设的高要求进行反复探究。新时代高校辅导员队伍建设，要将国情、社情、校情及辅导员实情统筹起来综合规划，要做到查缺补漏、有的放矢。比如，针对不同层次的高校辅导员队伍建设就要有所区分，高职高专类学校辅导员队伍建设方向要以培养理论够用、实践动手能力强的学生为重点，而应用型本科和普通本科类学校存在培育学生的侧重点异同，在培养辅导员方面也要有所调整。不同领域的高校辅导员队伍建设也要根据学校的专长来配置和培养辅导员队伍，比如，对于以财经类为主的高校，在招聘、培养辅导员的过程中，将财经方面的专业知识作为招聘与培训辅导员的重要参考、有益补充。同时，对于同一所高校内的辅导员队伍建设也要有所区别，因为新老辅导员存在专业知识、职业能力及所带班级、专业、年级等方面的不同，各个辅导员的成长需求也各不相同，有关辅导员队伍建设的方案也要有所调整，使其更具有针对性，以确保每个辅导员都能得到培养与提升。当前高校大学生是肩负中华民族复兴大任时代新人的主体部分，这些学生在不同的学习阶段（如大一、大二）对思想政治教育需求各不相同，学生在疫情等特殊环境下对辅导员的需求与期望也存在差别，这就需要辅导员具有相对应的工作经验、专业知识和职业能力等，避免水土不服、力不从心等状况的出现。比如，部分学生学习没有兴趣且心理出现迷茫，毕业班学生就业目标模糊，等等，这些都需要辅导员具有相应的知识和能力来应对，辅导员队伍建设也需要有针对性地开展查漏补缺、补足短板等工作。

(五) 坚持长期性原则

高素质辅导员队伍是高校建设的一种基础性、长期性的工作。辅导员队伍建设作为一项长期工程和长期任务，需要顶层设计、统筹兼顾，既满足眼前之需，又着眼于未来发展，不能顾此失彼；既要聚焦年龄结构、性别结构、地域结构、学位结构、职称结构等，又要侧重高水平人才层次结构等方面。辅导员队伍建设涉及多个领域的工作任务，大到创新制度和完善政策体系等，小到选派辅导员到地方党政机关、企业等挂职锻炼等。新时代高校辅导员队伍建设要立足于前期队伍建设取得的成就的基础之上，不断优化辅导员队伍结构，凝聚育人合力，以适应新时代对这支队伍的新要求，这是一次新时代队伍建设的创新与探索；新时代高校辅导员队伍建设没有现成的经验可以直接借鉴，需要一步一个脚印且长时间的摸索。因为不同高校的办学规模、层次、水平等存在差异性，当前各个高校辅导员自身实际情况迥然相异，队伍综合素养和职业能力也截然不同；就需要对现有辅导员队伍进行客观的调研和分析，有计划地推进建设工作，杜绝急功近利、操之过急的做法，确保队伍建设有条不紊、稳步推进，只有这样才能取得积极的效果。比如，对于新进辅导员的培养，需要制订详细的新入职辅导员培养方案，拟定辅导员长期培养规划，使培养工作有计划、有组织、有步骤地开展，帮助新进辅导员尽快适应工作岗位，明确岗位职责，了解工作要求，掌握工作技能，遵守职业规范，强化职业认同感和身份意识，提升岗位适应能力和育人能力。因此，高校辅导员队伍建设应把工作重点转到中长期计划上来，切实促进高校辅导员队伍建设提质增效。

(六) 坚持创新性原则

新时代高校辅导员队伍建设实现新发展，关键是要在继承中开拓，在创新中前进，推动各项建设工作顺利进行。创新是教师队伍建设的动力源泉，无论是教师素养的综合提升、重组教师队伍结构，还是通过行政手段、政策创新，都是要搅动教师队伍建设的"一池春水"。坚持创新性原则，既是发挥辅导员队伍在高校办学育人中特殊作用的不竭动力，也是确保这支队伍在整个高校思想政治教育中的优势的关键所在。辅导员队伍作为我国高校育人体系的重要组成部分，处处、时时受到来自校内外的各种影响；尤其进入新时代以来，新时代对辅导员及这支队伍建设提出了新要求，辅导员队伍建设只有大胆探索、大胆创新和实践，使队伍的整体素质不断提高，才能适应时代的变化与满足时代的需求。因此，辅导员队伍建设要牢牢把握时代脉搏，始终体现时代性、把握规律性、富于创造性，不断推进队伍建设的理论创新、制度创新、工作创新，进一步探索适合自身实际情况的建设路径，只有这样才能激发辅导员队伍的旺盛活力。比如，在辅导员队伍培训创新工作机制方面，开展如辅导员技能大赛等活动，邀请资深辅导员、部分思想政治教育专家学者担任评委并进行专业引领，实现以评代训、以评促升；也可以搭建多元发展平台，通过建设辅导员名师工作室、辅导员能力提升培训和研修基地等，为辅导员发展和能力提升提供优质的平台；同时，除安排辅导员参与国培、省培、访问、课题合作、进修之外，还可以安排跨部门、跨院系、跨校、跨地区进修轮训，拓宽辅导员的视野；另外，也可以构建由初级辅导员、中级辅导员、高级辅导员和资深级辅导员所组成的梯队化、体系化的人才梯队培养机制，提升辅导员队伍的结构和整体素质。

三、新时代高校辅导员队伍建设的路径选择

习近平总书记指出，办好教育事业，家庭、学校、政府、社会都有责任。同样，促进辅导员成长、发展与辅导员队伍建设高质量发展，除辅导员自身之外，自然也离不开辅导员的家庭、所属高校、各级各地政府和社会的鼎力支持与协助。

（一）辅导员层面

高校辅导员既是高校思想政治工作队伍的主体，也是高校辅导员队伍建设的受益者、参与者；高校辅导员队伍建设要想取得明显的成效，就离不开辅导员的参与，离开辅导员本身去谈辅导员队伍建设毫无意义，也无法产生任何作用。因此，辅导员自身在高校辅导员队伍建设中起着至关重要的作用。2018年，习近平总书记在北京大学师生座谈会上强调，建设政治素质过硬、业务能力精湛、育人水平高超的高素质教师队伍是大学建设的基础性工作。2019年，习近平总书记在学校思想政治理论课教师座谈会上，对广大学校思想政治理论课教师提出的"六个要"，即政治要强、情怀要深、思维要新、视野要广、自律要严、人格要正，这既是对高校思想政治理论课教师提出的具体要求，也是对全体高校教师，尤其是包括辅导员等在内的思想政治教育工作者提升综合素

养能力的基本路径。这为新时代加强高校辅导员队伍建设提出了明确的要求，为辅导员发挥自身的主观能动性且进行自我教育和自我完善指明了努力方向。习近平总书记强调，人民教师无上光荣，每个教师都要珍惜这份光荣，爱惜这份职业，严格要求自己，不断完善自己。高校辅导员一定要严格按照习近平总书记的重要指示精神来要求自己、提升自己，做一名新时代的合格的辅导员。

1. 增强思想政治素养

让有信仰的人讲信仰，让有信念的人讲信念，才会有底气、有生气、有力量，理想信念才能传得开、信得过、扎下根。思想政治素质是辅导员自身的第一素质。2018年，习近平总书记在纪念马克思200周年诞辰的讲话中发出号召：共产党人要把读马克思主义经典、悟马克思主义原理当作一种生活习惯、当作一种精神追求，用经典涵养正气、淬炼思想、升华境界、指导实践。辅导员要讲政治，要坚定政治信仰，要坚定对马克思主义的信仰，就要系统学习、深入研究、广泛传播、努力实践马克思主义理论；就要深入学习马克思列宁主义、毛泽东思想、邓小平理论、"三个代表"重要思想、科学发展观，学习习近平新时代中国特色社会主义思想，从中不断汲取力量，提高马克思主义理论素养。当前重中之重是学懂、弄通、做实习近平新时代中国特色社会主义思想，要求把这一思想贯彻落实到思想政治教育的各方面、全过程。辅导员要做到常学常新、常思常悟、常研常得，坚持学懂、弄通、悟透、做实，准确把握其思想精髓、精神实质和核心要义，掌握和运用好蕴含其中的马克思主义立场、观点和方法，学到真功夫、练就硬本领，把科学思想理论转化为思想政治工作的强大力量。高校辅导员要在学生心中播下真善美的种子，引导学生扣好人生的第一粒扣子，自身先要有坚定的理想信念。坚定理想信念，就是坚定对马克思主义的信仰、对共产主义和中国特色社会主义的信念，以坚定的理想信念筑牢政治信仰根基，坚守政治方向，善于从政治上看问题，保持政治清醒，自觉抵制各种谎言和谬论，敢于批判各种错误的政治观点、政治思潮，通过讲好"中国故事"、传播"中国声音"、弘扬"中国精神"教育和引导学生增强"四个意识"、坚定"四个自信"、做到"两个维护"，肩负起学生健康成长的指导者和引路人的责任。

2. 涵养"三种情怀"

辅导员做到情怀要深，就是要做到融家国情怀、传道情怀、仁爱情怀于一体的宽广深厚的大情怀。首先，要涵养家国情怀。家国情怀深深植根于中华民族血脉,是中华优秀传统文化的精神内核,是中华儿女国家认同、民族认同、文化认同的情感基础,也是实现中华民族伟大复兴的精神动力。辅导员要把个人的理想追求融入党和国家的事业之中,为党、为祖国、为人民多做贡献,要心系国家和民族,关注时代,关注社会,关注国内外时事,关注社会热点、焦点,把爱国情、强国志、报国行自觉融入思想政治工作实践之中,把初心使命具化为教书育人的实际行动,切实把培养时代新人的使命落实好。其次,要涵养传道情怀。传道情怀是一种高度自觉的意识,它是建立在对立德树人的使命感之上、建立在对思政课及其价值的高度认同之上的,是对立德树人根本任务的自觉担当。[1] 2016年,习近平总书记在全国高校思想政治工作会议上指出,教师是人类灵魂的工程师,承担着神圣使命。传道者自己首先要明道、信道。2019年,习近平总书记在学校思想政治理论课教师座谈会上再次谈到传道,要求人民教师肩负起传道的责任,传授给学生正确的做人的道理、科学的做事方法、正确的人生观和价值观。高校辅导员是大学生成长、成才的人生导师和健康生活的知心朋友,帮助学生树立正确的世界观、人生观、价值观,理应肩负起传道授业的使命。最后,要涵养仁爱情怀。仁爱是中国传统文化里最为核心的价值理念。辅导员与青年学生接触多,要用爱培育爱、激发爱、传播爱,通过真情、真心、真诚拉近同学生的距离,滋润学生心田,要有仁爱之心。2014年,习近平总书记在北京师范大学师生座谈会上,提出了包括"仁爱之心"在内的"好老师"的四点要求;2019年,习近平总书记在学校思想政治理论课教师座谈会上再次提到"仁爱情怀",要求"好老师"有一颗仁爱之心。辅导员要努力成为学生思想问题的解惑者、专业学习的指导者、人生发展的导航者和生活中的关怀者,唯有饱含仁爱情怀,方能走进学生的心灵。

3. 转变思维方式

媒体深度融合时代所带来的媒体格局、舆论生态、传播方式等方面发生的深刻变化,既对传统思想政治教育教学提出了现实挑战,也为当前思想政治教育的优化和发展明确了前进的方向。随着社会信息化、数字化、智能化程度的不断提高,思想政治教育只有紧跟时代步伐、对标全新要求、彰显时代精神,才能永葆生机与活力。辅导员要以创新思维因时而变、因时而进、因时而新,守正创新,以创新理念拓展育人方法与模式,摒弃沉闷、刻板的说教,推动教育内容、教育形式、教育方法的创新,用生动的语言讲好中国共产党为什

---

[1] 刘建军. 思政课教师要做有深广情怀的人 [N]. 中国教育报,2019-04-04 (5).

能、讲好马克思主义为什么行、讲好中国特色社会主义为什么好。特别是要结合党的十八大以来党和国家取得的历史性成就、发生的历史性变革，讲好习近平新时代中国特色社会主义建设的辉煌成就，用这些生动、鲜活的事例启迪思想、坚定信仰，引导学生树立正确的理想和信念，学会正确的思维方法，点亮他们继续前行的火种。

4. 拓宽视野广度

习近平总书记在学校思想政治理论课教师座谈会上强调，思政课教师视野要广，有知识视野、国际视野、历史视野，通过生动、深入、具体的纵横比较，把一些道理讲明白、讲清楚。高校辅导员的视野就是"知识视野、国际视野、历史视野三个维度所构成的立体空间"[1]，新时代高校辅导员理应从这三个维度来拓宽自身的视野广度。首先，拓宽知识视野。辅导员要深入学习马克思主义理论特别是习近平新时代中国特色社会主义思想，掌握贯穿其中的立场、观点、方法，掌握思想政治教育规律和工作方法，及时了解学生思想行为特点及思想政治状况，推动党的创新理论入脑入心；要加强时事政治学习，关注国内外时政热点，加深对当今世界百年未有之大变局的准确认知，加深对国家前途命运、民生政策等的了解，不断增强辅导员的政治意识和综合素质；要及时了解、把握和跟踪学科前沿的最新动态，了解新观点，掌握新信息，不断更新知识；要了解马克思主义理论、哲学、政治学等学科的基本原理和基础知识、思想政治教育专业基本理论知识、马克思主义中国化相关理论、思想政治教育工作实务相关知识等。其次，拓宽国际视野。辅导员可以通过报纸、杂志及参加国际活动等，了解国外的文化，从而开阔国际视野。最后，拓宽历史视野。辅导员要深入学习党史、新中国史、改革开放史、社会主义发展史等，要从中汲取智慧，将其转化为前进的动力，做到学史明理、学史增信、学史崇德、学史力行。高校辅导员要在知识、国际和历史的三维构架中提升业务能力，用丰富的知识涵养引导学生，用客观的纵横比较说服学生，用真实的情感投入打动学生。唯有如此，辅导员才能提升自身的素质能力，且肩负起巨大的历史使命。

5. 要严守纪律规矩

纪律严明是我们党的光荣传统和独特优势。思想政治工作是塑造人的灵魂的基础性工程，辅导员是塑造学生的灵魂的工程师。辅导员要做到政治信仰不

---

[1] 王有鹏. 做新时代有"三度"视野的思政课教师[N]. 教师报，2022-10-02（1）.

变、政治立场不移、政治方向不偏，增强政治纪律观念和意识，坚决维护党的权威，做到行动更加坚决，且始终同党中央保持高度一致，要有底线思维和红线意识，任何时候都不能越过红线；要始终做到廉洁自律，时刻把法律的戒尺、纪律的戒尺、制度的戒尺、规矩的戒尺、道德的戒尺牢记于心，守住底线，不踩红线，不碰高压线。辅导员要从思想上深刻理解"三严三实"的内涵，将其植入灵魂深处，作为终身的价值追求。同时，辅导员要勤于自律，长于自省，要通过严格的自我修炼、自我约束、自我塑造，在修身律己上坚持更高的标准，要坚决做到课上课下一致、网上网下一致，自觉弘扬主旋律，积极传递正能量，时刻注意维护辅导员的良好形象，以自己的实际行动赢得学生的尊重，成为学生走正路、做好事、成大事的榜样。只有这样，才能做到让学生信服、佩服和尊敬，才能影响和感染学生，学生才能在潜移默化中感受思想政治教育的魅力。

6. 增强人格魅力

高校思想政治教育要靠辅导员的人格魅力感召人心，触及学生灵魂。马克思曾说过，如果你想感化别人，那你就必须是一个实际上能够鼓舞和推动别人前进的人。高校辅导员高尚的人格突出体现在对事业的用心、用力、用情，对工作的公开、公平、公正，对学生教育管理服务的依法、依规、依据。高校辅导员要做传播知识、传播思想、传播真理、塑造灵魂、塑造生命、塑造新人的"师者"和"大先生"，就要做到有信仰、有情怀、有担当和讲品位、讲格调、讲责任；要加强自我修养，以德立身，以德立学，以德施教，以德育德，用自己的言行举止为学生做出表率，用自己的人格魅力去感染与影响学生，做学生的引路人。辅导员在行动上为学生做出表率，让学生形成高尚的人格，感染、影响、引导学生。因此，辅导员需要不断修炼人格力量，增强自身魅力，以自己的学识、素养、德行、习惯、人品去影响学生。

7. 提升自我职业能力

高校辅导员的职业能力是其综合素质中的组成部分。2014年，教育部印发的《高等学校辅导员职业能力标准（暂行）》将辅导员的主要工作划分为九大模块、三大级别（初级、中级和高级），明确了每个级别的工作内容和能力要求标准，既为辅导员提高自身专业素养和职业能力提供了行为准则与努力方向，也为辅导员队伍建设提供了参考依据。高校辅导员要分别对思想政治教育、党团和班级建设、学业指导、日常事务管理等九方面辅导员职业功能应具备的能力和理论知识储备进行查缺补漏，逐步达到不同的辅导员级别所具备的职业能力要求。此外，辅导员还可以通过加强语言文字表达能力、组织管理能力、教育教学能力、观察能力、分析能力、创新能力等来不断完善自身。

（二）家庭层面

在一个人的成长过程中，家庭扮演着至关重要的角色。习近平总书记在2015年春节团拜会上就指出，家庭是社会的基本细胞，是人生的第一所学校。不论时代发生多大变化，不论生活格局发生多大变化，我们都要重视家庭建设，注重家庭，注重家教，注重家风。好的家教家风、家庭成员的言传身教对于辅导员的影响是终身的，对于培养辅导员品格、帮助其成长具有不可替代的作用。同时，每个高校辅导员作为所属家庭不可缺少的重要组成部分，处理好家庭与辅导员工作之间的平衡关系也是影响和制约辅导员成长及辅导员队伍建设成效的重要方面。

1. 建设和弘扬新时代良好家风

新时代以来，习近平总书记从党和国家事业发展全局和促进人的全面发展出发，围绕注重家庭、注重家教、注重家风建设做出了一系列的重要论述，强调广大家庭都要弘扬优良家风，以千千万万家庭的好家风支撑起全社会的好风气。习近平总书记在党的二十大报告中指出，要弘扬中华传统美德，加强家庭家教家风建设。党的十九届六中全会通过的《中共中央关于党的百年奋斗重大成就和历史经验的决议》指出，要注重家庭家教家风建设。建设好每一个家庭就是在为建设强大的国家贡献力量。一方面，家庭内部要注重家教家风建设。家庭成员需要认识到家教和家风建设的重要性，良好的家教、笃厚的家风潜移默化、润心无声，不但影响辅导员这一家庭成员的品格，而且对其一生的价值观也具有深远的影响。因此，每个家庭成员要注重自身素养的提升，做到言传身教、身体力行；要在家庭中进行良好的沟通与互动，加强家庭成员间的默契；严格遵守家庭公约；组织丰富多彩的家庭活动，营造温馨的家庭氛围；等等。尤其对广大党员干部、教师等家庭，习近平总书记就曾告诫，领导干部特别是高级干部一定要重视家教家风，以身作则管好配偶、子女，本分做人、干净做事。身为这些重要职位和职业角色的家庭成员，更要明大德。守公德，严私德，做到廉洁自律、以身作则，做到传承和弘扬良好的家教和家风。另一方面，家庭外部要注重家教家风建设。就政府层面而言，《中华人民共和国家庭教育促进法》是我国首次就家庭教育专门立法，全社会都要学习好、领会好、贯彻好、落实好这一法规，推动家庭家教家风建设的高质量发展。就社会层面而言，可以举办家教家风大讲堂、家风家教专题培训、家庭教育讲师示范培训班、"最美家庭""文明家庭"评选、家风作品征集活动等，推动辅导员家庭建设。

2. 协调家庭和辅导员工作之间的平衡关系

辅导员既是高校思想政治教育的主攻手、学生管理的主导者、学生成长的主心骨，也是家庭不可缺少的成员；辅导员具有高校教师和家庭成员双重身份。一方面，从其他家庭成员的角度来说，要加强对辅导员工作岗位的认识，多给予其支持。家庭成员要增进交流，家庭成员之间应该相互支持，共同承担起照顾家庭的责任和义务。其他家庭成员要认识到辅导员工作的特殊性、重要性，加强对家庭责任和辅导员职业规划的理解，提高家庭成员之间的互信、尊重和支持度，从而增强家庭成员的幸福感和归属感。尤其对于辅导员新入职时期、在职攻读学位阶段、外出进修培训时期、处理重大学生事务阶段等，其他家庭成员更要主动承担起家庭责任，要成为辅导员的强大"后援团"和支持力量，减少辅导员的后顾之忧，助力辅导员职业发展与自我提升。另一方面，从辅导员自身的角度来说，辅导员要实现自我完善和提高，提高工作效率。在家庭中，每个成员都应该有自己的责任和担当，辅导员本人也不例外，要主动承担起家庭责任。辅导员要加强理论学习和实践锻炼，进一步增强自身的工作能力，有效地规划和管理自己的时间，保障各项工作顺利进行，有效提高工作效率。辅导员要在工作和家庭之间合理分配好时间，减少工作对个人家庭时间的占用，以确保二者之间的平衡。家庭和辅导员工作之间的平衡关系至关重要，要避免陷入家庭和工作的失衡状态，要大力营造和谐、温馨的家庭氛围，将家庭打造成辅导员的温暖港湾，助推辅导员不断成长和发展。

（三）高校层面

高校是辅导员工作、生活、学习乃至成长发展的重要平台，辅导员自身成长与发展离不开高校的强力支撑，辅导员队伍建设更需要高校将其作为一项系统性、长期性的战略任务来抓细、抓实。

1. 加强党的领导，推动辅导员队伍建设

高校必须坚持党的领导，充分发挥高校党组织的领导和把关作用，把坚持正确的政治方向贯彻融入辅导员队伍建设的全过程。高校党委要根据《关于完善高校教师思想政治和师德师风建设工作体制机制的指导意见》，进一步加强党对高校教师工作的领导。要完善党对高校教师工作领导的制度，构建党委集中统一领导，党政齐抓共管，教师工作部门统筹协调，组织部、宣传部、统战部、纪检监察等相关部门通力合作。要通过健全党的领导体制，建立决策机制、报告机制、调研机制、跟踪督查机制，强化党对高校辅导员队伍建设工作的统筹和决策。[1] 高校党委要把辅导员队伍思想政治和师德师风建设作为重要的基础工作，全面提升辅导员的思想政治素质、师德素养和业务能力。建立和健全学校党委、院（系）党组织、教师党支部三级联动的教师工作机制，强化基层党组织在教师思想政治和师德师风建设工作中的作用。建立和健全高校教师思想政治教育的制度，将辅导员思想政治素质和师德师风作为招聘引进、职称评审、评优奖励等的核心要求。高校要始终将党的领导贯穿辅导员队伍建设的全过程，大力培育辅导员立足本职、强化内功、廉洁自律、追求卓越的内生动力，全面提升辅导员的政治理论水平、专业素养和职业能力。

2. 注重系统谋划，完善队伍建设体系

高校要高度重视辅导员队伍建设，把辅导员队伍建设作为加强和改进思想政治教育的关键环节，将其纳入师资队伍建设和高校党政管理干部培养的总体规划。高校要将辅导员队伍的建设纳入党政工作的重要议事日程，牢牢把握队伍建设的目标、方向和着力点，在辅导员的选拔、任用、教育、管理、培养和发展等方面采取切实、有效的措施，为这支队伍的建设提供政策、制度保证，并创造良好的条件。首先，建立和健全组织架构。高校可以成立如辅导员队伍建设指导委员会等组织部门，由高校党委书记、校长担任主任，定期研究和解决辅导员队伍建设中存在的突出问题；明确党委学生工作部、研究生工作部作为辅导员队伍建设的主要职能部门，要负责工作计划的制订和督查，辅导员的配备、调整、录用和转岗，以及辅导员队伍的培训、考核和晋升等各项制度的落实；要求高校的组织、人事、教学等部门积极参与日常工作的管理、督促、检查等，支持辅导员队伍建设。其次，明确工作思路。高校要从战略和全局的高度，充分认识新时代加强辅导员队伍建设的重要性和紧迫性；要分析和研究辅导员队伍建设面临的新形势和新挑战，对标上级决策和部署，科学谋划推进高质量发展，要制订立体化的推进计划，把握队伍建设的总体目标，明确各项工作的细节，分阶段安排并完成任务。最后，完善工作推进体系。高校可以结合上级文件精神和学校实际情况，制定如辅导员队伍建设实施办法等制度，出台（如辅导员选聘等）相关文件，规范工作流程，健全工作制度，不断增强

---

[1] 任友群. 学习贯彻党的二十大精神筑牢高校教师队伍思想之基[J]. 中国高教研究，2023（2）：1-6.

辅导员队伍建设制度体系的系统性和规范性。

3. 建立和健全队伍建设体制，不断优化队伍发展机制

体制和机制是辅导员队伍建设的基础，健全和完善辅导员队伍的体制和机制至关重要。完善辅导员队伍建设的体制和机制既是激发辅导员队伍高质量发展的内生动力，也是推动高校思想政治教育有效性提升的重要保障。其一，完善辅导员队伍的管理体制。高校要严格实行学校和院（系）双重管理，要进一步落实党政"一把手"责任制，党委书记和校长要落实立德树人根本任务，切实担负起加强辅导员队伍建设的领导和管理责任。党委学生工作部、研究生工作部作为代表高校党委管理学生辅导员的牵头职能部门，要与党委组织部门、行政人事部门共同做好队伍建设工作。其二，健全辅导员激励考核机制。高校可以采取定量测评与定性评价、过程测评与结果评价、记实测评与民主评议、学期末考评与平时考评、部门测评与学生满意度测评等相结合的方法，按照德才兼备、注重实效的标准，进行有针对性的测评，"全面考核教师的政治素质、专业素质和品性素质，创新教师魅力等不易量化素质的考核实施办法"[1]，科学、合理地反映辅导员的工作效果。对辅导员的考核应当由组织人事部门牵头，学生工作等部门、院系和学生共同参与，考核结果与职务聘任、职务晋升、职称评定、干部选拔、奖惩、岗位调整、解聘等挂钩；要建立和健全科学、合理的薪酬制度，重视如工资待遇和奖金津贴等物质奖励，重视如职称评定、个人发展、荣誉、成就、发展空间等精神奖励，增强辅导员职业荣誉感和认同感，调动辅导员提升职业能力的积极性。其三，建立辅导员工作规范。高校要根据工作周期性的规律和学生的工作特点，进一步建立和健全辅导员工作条例，细化辅导员工作要求，制定（如召开主题班会、组织和参加学生活动等）辅导员日常管理相关制度，规范化开展学风建设、学生党团建设、就业指导与职业规划及其他日常学生教育管理等工作。

4. 完善选聘机制，建好人才"蓄水池"

做好辅导员的选聘配备工作，是加强辅导员队伍建设的基础。辅导员的选聘是辅导员队伍建设的重要环节，必须不断完善辅导员的聘用机制。其一，严格落实辅导员岗位配备要求。高校应当按总体上师生比不低于1∶200设置专职辅导员岗位，按照专兼结合、以专为主的原则，足额配备到位。当前各地公办本专科高校基本上都能够完成按不低于1∶200的师生比例设置本、专科生

---

[1] 陈文婕，余达淮. 提升新时代高校思想政治理论课程质量的三个问题[J]. 江苏高教，2019（7）：110–114.

一线专职辅导员岗位的配备任务，但是依然存在部分公办高校专职辅导员、民办高校专职辅导员的配备比例不达标的问题和事业编制未得到彻底落实的问题。因此，对于未达标的高校要多举措并举，加大选聘的工作力度，严格把控辅导员优选优录关，不折不扣把配备工作落实到位。其二，严格选聘标准和程序，把好队伍"准入关"。要严格遵循习近平总书记关于教师工作的系列重要讲话中"好老师"和"六个要"的评判标准和要求来选拔辅导员，要按照专职辅导员的职责和选聘条件来制定科学的选聘方案，综合衡量现有辅导员队伍整体的性别、年龄、职称等情况，以保证新引进辅导员是对现有辅导员队伍结构的优化。招聘过程要坚持公开、平等、竞争、择优的原则，坚持专业优先原则，具有心理学、教育学、思想政治教育、马克思主义哲学类专业学科背景的人优先。严格把控准入门槛，规范选聘程序，严格把控辅导员的政治素质考核关、德行作风考核关、业务能力考核关，坚持高标准延揽人才，宁缺毋滥，从优遴选，建立规范化的选聘工作制度。要引入竞争机制，坚持公开竞聘上岗制度，确定具有较高的思想政治、道德、知识、能力和身心素质的选拔标准，确定选聘政策、条件、岗位、程序和结果公开的选拔方式，从源头上保证辅导员的质量。其三，持续优化辅导员队伍结构。高校要严格按总体上师生比不低于1∶200设置专职辅导员岗位，按照专兼结合、以专为主的原则，足额配备到位。同时，拓宽选聘的视野，鼓励和支持符合岗位能力要求的优秀教师和干部，特别是年轻的优秀专业课教师和党政干部、优秀研究生党员担任兼职辅导员，鼓励和支持思想政治理论课教师担任兼职辅导员，推动形成全方位、全领域、全覆盖的辅导员队伍建设局面，为思想政治工作队伍注入源头活水。其四，提前谋划人才储备。将专职辅导员的配备工作纳入高校人才规划，提前培养一批思想政治素质过硬、工作能力突出的优秀学生干部，推荐免试研究生、研究生党员等担任兼职辅导员，不断发掘优秀的人才资源，建好辅导员储备人才"蓄水池"，确保辅导员队伍后继有人。其五，健全更加开放透明、规范高效的准入和退出机制。高校要将辅导员队伍纳入全校人才引进总体规划，"应健全动态准入与退出机制，完善准入与退出标准体系，建立动态架构调控机制，完善准入与退出的运行机制"[1]，保持每年引入和转出的辅导员数量基本相当，实现辅导员队伍的动态平衡，确保这支队伍的稳定性。

---

[1] 李中国. 新时代高校思政课教师队伍建设的使命与机制创新 [J]. 临沂大学学报, 2020, 42 (3)：86-95.

5. 强化能力提升，优化培养体系

高校要不断优化辅导员培养体系，扩大培养范围，提升培养质量。其一，优化辅导员队伍培训体系。高校要制定辅导员分级分类的培养方案，科学制定培训内容，提升辅导员解决实际问题的能力；坚持集中培训与经常性教育相结合、中长期系统培训与短期专题培训相结合、理论学习与实践锻炼相结合、学历教育与在职培训相结合、国内培训与国外研修相结合、常规工作实务培训和辅导员素质能力提升培训相结合，综合运用多种方式方法，构建以辅导员培训基地和研修基地举办的培训为重点，以高校举办的岗前培训、院系培训、校级培训等为主体的分层次、分类别、多渠道、多形式、全方位的进阶式组织培训体系。其二，实施辅导员职业素质能力提升计划。高校要通过集中培训、定向培养、重点资助等形式，以专家授课、专题讨论、社会实践、学习考察、挂职锻炼等方式进行，分期、分批对全校专兼职辅导员进行轮训，实现专兼职辅导员培训全覆盖，提升理论素养，增强职业能力。尤其要建立学生事务管理、学生生活指导、学生职业发展、心理健康教育等职业化的培训体系，鼓励和支持辅导员参加心理咨询、职业指导、创业咨询等国家职业资格证书的培训和考试。其三，建设辅导员精品项目。建设辅导员精品项目，是推动高校辅导员加强工作研究、优化项目成果、深化实践成效、增强理论素养、提升思想政治教育工作质量的必要环节。高校可以设立辅导员年级工作组，并实行定期交流机制，聚焦相应年级学生思想政治教育、管理和服务工作中的热点、前沿和共性问题，开展小组研讨和调查研究，以实现经验交流和思路碰撞；建立一批学科特色明显、品牌聚焦、影响力大的辅导员特色工作室，就思想教育、职业生涯规划与就业指导、心理素质教育等特色类工作方向，打造辅导员工作精品项目，以项目研究为载体，推进科学研究与工作实践深度融合，为辅导员队伍建设注入新动力。其四，提升辅导员科研能力和加强学科建设。学习思想政治教育的基本理论，参与思想政治教育课题或项目研究。高校要将辅导员科研工作纳入学校总体规划，通过按一定比例设立重大项目、重点项目和一般项目三类思想政治教育专项课题和召开科研工作例会等引导辅导员加强工作研究、深化实践成效、提升理论素养，推动辅导员队伍专业化、职业化建设，提升高校思想政治教育的有效性。部分办学条件较好的高校也可以设置诸如"大学生思想政治教育""学生事务管理"等专业（或研究方向），纳入学科专业建设发展规划。另外，积极鼓励和支持辅导员承担思想政治理论、形势政策教育、心理健康教育、就业指导等相关课程的教学工作。其五，支持辅导员参加各级各类评选活动。高校要鼓励并支持辅导员参加诸如优秀辅导员、辅导员职业能力大赛、辅导员年度人物、辅导员工作室等校内外各级各类评选活动,通过各类赛事提升辅导员队伍的整体素质。

6. 打造辅导员发展平台,拓展职业发展空间

高校着力构建辅导员可持续发展的平台,这对于打造一支梯队结构合理、政治素质过硬、工作作风优良的辅导员队伍至关重要。其一,加强辅导员的职业规划指导。高校要结合辅导员专业背景、个人兴趣、素质能力等,引导他们制定职业生涯发展规划,并将个人前途与辅导员队伍建设的整体目标结合起来,引导部分优秀辅导员向专家化方向发展,把辅导员培养成为学生思想教育专家和学生事务管理专家。其二,合理设置专业技术岗位和管理岗位。高校要进一步贯彻落实辅导员"双重身份、双线晋升"的规定,在落实辅导员专业技术职称评聘的同时,把辅导员职务(职级)晋升工作纳入学校干部队伍建设的整体规划统筹考虑,重点考核其思想政治教育工作的业绩和育人实效,专业技术岗位和管理岗位要向一线专职辅导员倾斜,确保一线辅导员的专业发展空间。高校要制定专职辅导员管理岗位聘任办法,根据专职辅导员的任职年限、年度考核、工作成效、获奖荣誉等来确定相应的管理职级并享受相应的薪酬待遇。其三,建立正向的流动和晋升机制。坚持相对稳定和合理流动相结合的原则,使辅导员队伍保持引进与流出的动态平衡。高校要建立辅导员职务晋升的长效机制,要健全和完善辅导员素质能力标准,建立更加突出工作实绩的考核评价体系,探索构建符合辅导员队伍特点的职业发展体系和岗位晋升机制,建设和拓宽辅导员队伍的职业通道。高校着力建立辅导员正向流动机制,在晋升或调岗方面向素质高、能力强的一线辅导员倾斜,切实增强辅导员的职业自信心和职业认同感,扩大辅导员职业发展空间,保障多元发展通道,着力构建辅导员队伍的稳定发展平台。尤其对于工作业绩突出、在关键时刻表现突出的辅导员,可破格晋升或越一级晋升职务。

7. 整合教育资源,构建"三全育人"工作格局

高校各个育人体系之间相互关联、协同运转,统一于思想政治教育体系中,促使所有教职员工共同育人,形成全员育人的整体架构。一方面,构建思想政治教育的协作机制。高校思想政治教育工作队伍包括学校党政干部、思政课教师、专业课教师、辅导员、行政服务人员等,高校要整合这些育人力量,研究梳理这些育人力量所承载的育人功能,做到术业有专攻。在"三全育人"的工作格局下,辅导员和其他育人力量需要破除体制和机制壁垒,构建协同育

人的工作机制，让辅导员和其他育人力量协同工作，优化分工与协作，积极营造全员参与、自觉育人的"大格局"，发挥协同育人的效能，对于学生的全面发展和成长至关重要。比如，辅导员为学生制订个性化的学习计划，专业课教师结合这一学习计划开展有针对性的教学；专业课教师通过课堂教学深入了解学生的心理状态和需求，辅导员根据反馈信息开展有针对性的心理咨询工作。另一方面，健全"三全育人"工作体系。高校"三全育人"格局的形成是一个长期的系统工程，高校需要努力形成党委统一领导、党政群团齐抓共管、教师工作部门统筹协调、全体教职员工协同配合的"三全育人"工作机制。高校要强化党委领导统筹，将健全协同育人机制纳入重要的工作日程。高校各单位部门要把育人工作贯穿于教学、科研、管理、服务等各个方面，将思想政治教育渗透在教书育人、管理育人和服务育人之中；夯实各类部门和个人的育人责任，形成环环相扣的责任链和上下联动的工作格局。辅导员及各类专业教师等师资力量是"三全育人"的主体承担者和主要实施者，其他教师队伍则是"三全育人"的协同参与者和有力配合者。高校要构建全员参与、多方联动的工作体系，重在抓好育人主体和教师队伍之间的协同，营造全方位"大思政"的工作氛围，促进"三全育人"工作的制度化、规范化和科学化。

（四）政府层面

辅导员是高校思想政治教育的骨干力量。各级政府要从战略全局和时代前沿充分认识高校辅导员工作的重要性，把全面深化新时代高校辅导员队伍建设作为一项重大的政治任务和根本性的民生工程，进一步强化问题导向、优化制度设计、突破发展瓶颈，推动广大辅导员尽展其才。高校辅导员队伍建设是一项复杂的、系统的长期工程，高校辅导员建设的关键在于统筹辅导员培养、使用、服务保障等全过程，聚焦重点环节、筑牢强师之基，要做到抓改革、强培养、重引领、促均衡、赋动能。

1. 进一步推动队伍建设改革，提升辅导员队伍治理水平

改革创新是时代发展的不竭动力，更是高等教育发展的内在要求。打造新时代高质量的高校辅导员队伍迫切需要推进全面、系统的改革创新，迫切需要以改革创新为高校思想政治教育发展提供原动力，有助于激发辅导员队伍的创新活力和潜能。政府要将辅导员队伍建设改革工作摆上重要的议事日程，着重将辅导员岗前培训、管理体制、聘用机制、编制岗位管理、职称制度等方面作为辅导员队伍建设改革的突破口和着力点，制定有导向性、可行性、时效性的

具体措施；要强化组织保障，要实行一把手负责制，细化分工，并确定改革路线图等，确保辅导员队伍建设各项改革落地生效；要以辅导员队伍建设改革为牵引，统筹推进育人方式、办学模式、管理体制、保障机制等改革，贯通辅导员职前培养、人事管理、考核评价等环节，推进辅导员队伍治理综合改革，实现辅导员队伍由管理向治理转变。

2. 探索辅导员培养和发展的新模式，扎实推进专业素质提升

探索辅导员培养和发展的新模式，是政府推动高校辅导员队伍建设高质量发展的重要抓手。其一，充分运用"网络教学平台+线下基地课堂"模式。政府要继续以提升辅导员综合素养和职业能力为目标来打造并运用一些专业的辅导员培训网络平台（如"高技辅导员网络学院"平台），设置一些培训主题；通过创新这些辅导员培训网络平台，打造"7×24 小时不下课"的云课堂，实现技能提升不断档，推动辅导员培训覆盖面更广、时间更久、落地更实。另外，依托微信公众号、"学习强国"等网络平台，开发"高校辅导员培训"APP 等，定期推送培训知识，延伸教育终端，做到随时随地学，打破学习时空的限制。同时，除继续依托教育部高校辅导员培训和研修基地开展线下课堂培训之外，各地各级政府可以参照教育部辅导员培训和研修基地标准，并依托省内、市内有条件的高校来建设区域型辅导员培训和研修基地，建立标准的辅导员培训课程体系和构建有效的培训模式，主要承担本区域内高校辅导员的上岗培训、日常培训和高级研修等。通过线上、线下相结合的培训模式，与教育部、省级或市级高校辅导员培训和研修基地形成各具特色、优势互补的多层次、全方位辅导员培训新格局。其二，推行"上挂+外派+下派"培养模式。政府要深入探索推行"上挂+外派+下派"培养模式，促使新入职或有自我成长需求的辅导员在挂职锻炼时能提升素质。政府要做好辅导员挂职锻炼机制的顶层设计，探索上派辅导员管理新机制。比如，选派优秀辅导员前往相关部门或党政机关进行挂职锻炼，引导辅导员掌握相关政策法规制度，了解相关领域的工作内容，提高解决复杂问题和做好学生思想政治工作的能力。政府可以搭建辅导员定期或不定期跨区域交流平台，如选派工作表现突出、有发展潜力的辅导员前往沿海地区高校、学生思想政治工作做得出色的高校跟班学习。政府也可以搭建辅导员下派锻炼的学习平台，引导社会各类育人资源参与辅导员的培养工作。比如，辅导员可以下派至革命纪念馆、历史博物馆等育人基地参与讲解等，可以前往乡镇、街道、社区担任助理等职务，提高自身的职业认同感、归属感和方向感，在实践中积累经验增长才干。其三，搭建组合式辅导员

梯级能力成长模式。政府要搭建辅导员职业能力专项提升平台，针对初级、中级、高级辅导员九大职业功能所需要的具体能力要求，开展专项提升计划。比如，政府要继续搭建辅导员发展特色科研平台，围绕学生思想政治工作中的重点和难点进行理论探讨与实践探索，引导有关思想政治教育期刊、网站开辟专栏，为辅导员的优秀科研成果提供交流的平台。又如，政府要搭建辅导员能力展示大赛平台，通过举办辅导员素质能力、辅导员主题班会展示等赛事来推动以赛促教、以赛促学、以赛促改、以赛促训、以赛促建，不断提升辅导员的理论水平、职业能力和专业素养，为持续深化高校辅导员队伍建设提质增效。

3. 以优良师德师风培育，以高层次教师人才培养为引领，建设高素质辅导员队伍

师德师风建设是高校辅导员队伍建设的重要内容和核心要务，是提高人才培养质量的根本要求；高层次教师人才作为高校事业发展的核心力量，将对辅导员成长发展及辅导员队伍建设产生不可低估的示范与引领作用。一方面，以培养优良师德师风引领辅导员队伍建设。其一，强化思想引领，以"学"养师德。政府有关部门要持续组织各类高校深入学习贯彻习近平总书记关于"三个牢固树立"、"四有"好老师等重要论述精神，并强化对"四史"、《教师法》等内容的学习，引导广大辅导员时刻自重、自省、自警、自励，坚守师德底线。其二，强化典型引领，以"标"导师德。各地各级政府可以在本区域内深入开展优秀辅导员师德先进事迹遴选活动，深入挖掘一批扎根一线的优秀辅导员；开展警示教育，通报教育部及各地政府有关部门发布的典型案例，发挥反面典型的行为警示和引导作用。其三，强化活动引领，以"形"扬师德。各地政府要结合本地实际情况，深入宣传和全面解读新时代教师职业行为十项准则，可以通过举办本区域的报告会、表彰会、主题讲座、专题研讨等形式，充分利用教师节等重大节庆日、纪念日等契机，展现辅导员在教书育人中的精神风貌；可以举办新教师入职宣誓、教师师德承诺和教师光荣退休欢送等活动，组织开展形式多样、内涵丰富的师德教育活动。其四，强化制度引领，以"规"约师德。各地各级政府要加强对《关于加强和改进新时代师德师风建设的意见》等系列文件的解读，要引导高校深入学习并掌握文件精神和要求，不断完善规章制度，把文件的各项要求落到实处。同时，也要加强对高校师德师风建设工作的跟踪调研，加强对高校的创新做法、典型经验等进行总结并宣传推广，适时对高校师德师风建设情况进行督查，不断推动高校师德师风建设走深、走实。另一方面，培养高层次教师人才，引领辅导员队伍建

设。建设社会主义现代化强国，对高校教师队伍建设提出了更高的要求，也对包括辅导员等在内的教师队伍的队伍结构及整体素质提出了更高的要求。当前高校辅导员的理论水平、职业能力和专业素养基本上能够满足日常思想政治工作，但是学历高、专业水平高、学生工作经验丰富的辅导员领军人物和职业型、专家型辅导员依然缺乏。各地各级政府可以有计划、分步骤地来培养一批高层次辅导员骨干和领军人才；在辅导员攻读学位方面，在教育部每年有300个辅导员在职攻读博士学位计划的基础上，可以进一步增加攻读博士学位的辅导员人数；可以与在思想政治工作及辅导员队伍建设有成效且有特色的高校签订战略合作框架协议，建立高校间协作的协同育人平台（如辅导员联盟校等），支持区域内外高校在教育科研、师资队伍建设、人才培养等方面开展全方位的合作；也可以选派有发展潜力的优秀辅导员前往特定高校进行研修培训，邀请部分高校进行定点帮扶交流培训；同时，依托现有各种培训资源组建省级、市级教师发展机构，不断完善教师发展支持服务体系，推动着具有专业精神、专业素养、专业技能的专家型辅导员队伍逐渐形成。

4. 促进优质、均衡发展，强化师资力量不足的高校教师队伍建设

加快建设教育强国、科技强国、人才强国，在全面建设社会主义现代化国家新征程上赋予了高校新的使命。高校要为中国式现代化建设提供强大的人才支撑，并为民族复兴做出自身应有的贡献，这就需要各种类型的高校发挥人才培养的主力军作用，需要建设一支政治素质过硬、业务能力精湛、育人水平高超的高素质、专业化、创新型高校辅导员队伍，需要我国高校辅导员队伍整体水平得到提升。目前，我国高等教育发展依然不平衡不充分，主要表现在优质高等教育资源区域分布、高等教育层次、高等教育生态发展、高等教育科类结构等方面的不平衡、不充分，这也造成了高校之间思想政治工作和辅导员队伍建设质量水平不均衡、校际差异较大等客观问题。各级政府要从以下几个方面促进高校教师队伍均衡发展，推动辅导员队伍整体水平提升。一方面，加强高等教育资源配置与结构优化。各地各级政府坚持教育优先发展战略，不断加大教育投入，将教师队伍建设作为教育投入重点予以优先保障，加大优质资源向"非双"高校、民办高校和独立学院、高职院校等倾斜，向思想政治工作队伍倾斜，重点扶持，精准施策。各级地方政府也要把教育优先发展战略摆在重要的位置，把高等教育发展纳入区域经济社会发展规划全局中来考虑，将高校教师队伍建设作为提升区域高等教育整体办学水平、提高人才培养质量的重要措施抓紧、抓好，加大经费投入，创新工作方法，切实加强高校辅导员队伍建

设。另一方面,建设有特色的辅导员队伍。辅导员队伍特色化建设有助于高校辅导员队伍素质的全面提升,以及高等教育人才培养水平与质量的全面提升,也有利于解决师资力量不足的问题。当前,部分地区高校辅导员队伍建设模式趋于雷同,缺乏对辅导员队伍建设改革与创新的实践探索。各级政府要根据区域经济社会发展及区域内高校自身的历史背景、环境特点、学科特色等实际情况,制定适合本区域高校辅导员队伍建设的战略规划。比如,针对高职高专类高校、职业技术大学、理工类高校等,要侧重辅导员理论教学和实践教学能力的培养,培养高水平、高标准、高效能的"双师型"辅导员队伍。又如,针对综合型、科研型高校,要倾向于培养辅导员在思想政治教育工作某一领域有深入的研究并具备影响力的行家里手,打造一支学习型、研究型、创新型、专家型辅导员队伍。再如,针对医学类高校,除培养辅导员过硬的思想政治素质、良好的职业道德素质、广博的知识结构和良好的人文素养,以及较好的心理素质之外,还得引导其掌握医学学科基础知识等。因此,通过建设个性化、特色化辅导员队伍,打造高校育人特色,实现特色育人,切实发挥好辅导员的职能与作用,以适应不同类型高校思想政治工作。

5. 推动数字赋能,推进辅导员队伍数字化建设

党的二十大报告对推进教育数字化做出了战略部署,为新时代新征程进一步发展高等教育数字化指明了前进方向。高校教师既是教育数字化战略得以落地、教育理念得以创新与教育模式得以变革的重要力量,也是教育数字化转型的见证者、参与者和受益者。教育数字化战略成为高校辅导员队伍建设的重要举措与有力抓手。当前教育部正利用人工智能助推教师队伍建设试点行动,各级政府要指导高校以国家智慧教育平台以及各地平台为载体,分层分类开展教师数字素养与技能提升实践活动,探索教师画像、基于推荐资源的学习、自主选学等新型研修模式,充分运用这一平台所共享的教师研修资源等为辅导员队伍建设赋能,尤其平台上的思政师德、学科教学、心理健康等内容的"教师研修"板块,帮助辅导员掌握并使用信息技术手段,以进行思想政治教育,以广大辅导员数字素养提升保障人工智能助推辅导员队伍建设的广泛和深入开展。政府要结合数字技术发展及教育教学融合发展,充分运用资源垂直供给、课堂智能分析、学习场景创设、能力画像构建以及成果开放认定等路径来重塑高校教师发展实践样态,实现教师队伍高质量发展。政府可以从"推进人工智能+教育的学科平台建设、建设智能化沉浸式的数字化校园环境、建构支撑一流教师教育的数字化资源体系、建设数字化的卓越教师培养体系、建设数字

化的党建思政和文化管理体系"[1]等维度来推进辅导员队伍数字化建设；同时，要深入实施数字技术助推教师队伍建设试点行动，探索数字技术助推教师管理优化、教师教育改革、教育教学方法创新、教育精准帮扶的新路径和新模式，推动数字技术在辅导员队伍建设中的广泛应用，开辟数字技术助推辅导员队伍建设的新局面。

（五）社会层面

社会作为高校运行发展的必要前提和宏观环境，影响并制约着包括教师队伍建设等在内的高等教育发展的规模、结构、速度和效果，在一定程度上加快或阻碍高等教育的进程，为了加快高等教育的进程，就需要积极探索高校与社会深度互动、同频共振、同向而行的新模式，实现高校与社会共生共长、同步发展。

1. 提倡尊师重教，重振师道尊严

一方面，巧用新型媒体，让宣传尊师重教更精准。除了要充分发挥广播、电视、报纸等传统媒介的作用，还要积极探索新媒体运营策略，及时制作一批让人喜闻乐见、能够产生广泛影响、展现教师时代风貌并能反映优秀辅导员及其先进事迹的视频，在微信、抖音、小红书、B 站（哔哩哔哩）等平台发布，在内容上不断推陈出新，吸引一定的社会流量，动员全社会关心、支持教育的改革和发展，营造尊师重教的良好舆论环境，形成尊师重教的社会风气。另一方面，依托多种活动，让宣传尊师重教更到位。除政府部门开展慰问和表彰优秀的教师活动之外，爱心企业、校企合作企业、街道社区等单位也可以开展形式多样的活动，树立先进典型，激励辅导员在工作岗位上再创佳绩。同时，高校也可以走进这些单位，树立一些典型，进一步加强校社联动、校企联动等，相互支持，共享资源，共同致力于社会教育事业。另外，还可以开展以"立师德、铸师魂"为主题的师德主题教育月活动、教师节系列主题教育等，营造尊重知识、重视教育、敬重教师的良好氛围。

2. 统筹整合各类社会力量和资源，鼓励多元主体参与辅导员培养

在我国的现代教育治理视域下，各类社会力量的规模、结构与质态等，影响并决定着高校教师队伍建设的质量。社会力量是高等教育发展的重要参与者，在高校教师队伍建设中发挥着举足轻重的作用。高校教师队伍建设主体由

---

[1] 赵凌云，胡中波. 数字化：为智能时代教师队伍建设赋能 [J]. 教育研究，2022 (4)：151-155.

单一转向多元，更加注重社会力量参与教师培养是教育治理体系现代化的重要表征。当前探索和深化教师队伍建设改革的新路径在于构建促进社会力量多元参与教师培养的新机制，完成由政府主导向政府统筹管理、高校全面落实主体责任、社会多元参与培养格局的转变。其一，实施宽松的培养模式，打造多元参与的培养机制。改变高校辅导员成长发展的传统培养模式，不断吸引多方社会力量参与到辅导员的培养中来，充分发挥这些力量在辅导员培养方面的育人功能，并注重发挥其在辅导员培养中的协同治理作用，有助于逾越辅导员教育理论与实践之间的鸿沟。其二，建立长效的辅导员培养激励机制。"建立推动社会力量参与人才培养的动力驱动机制、利益制衡机制、奖励激励机制和沟通协调机制，保障社会力量的合法经济利益。"[1] 综合运用政策引导、税费优惠等多种政策工具，激发多元社会力量参与辅导员培养的积极性，鼓励、引导和支持社会力量积极参与辅导员培养工作。其三，建立优质的育人资源协同机制。挖掘科技馆、美术馆、博物馆等公共文化设施所蕴含的育人元素，并将其与辅导员培养相结合，充分发挥其在辅导员思想道德建设中的重要作用。其四，构建社会组织和个人出资奖励辅导员机制。充分发挥如社会团体、企事业单位、个体经济组织等组织及个人在高校辅导员成长及队伍建设中的作用，要全力鼓励社会组织和个人出资奖励教师；针对所捐赠的资金，各单位和个人不得截留、挪用或冲抵其他资金，必须确保专款专用，这些资金主要用于辅导员的培训、活动及岗位专项补贴等。开展尊师重教活动，激励辅导员认真履行岗位职责，调动辅导员工作的积极性，进一步增强辅导员队伍的凝聚力和战斗力。

---

[1] 申培轩. 怎样激发社会力量参与人才培养［N］. 中国教育报，2017-11-23（7）.

参考文献

［1］中共中央马克思恩格斯列宁斯大林著作编译局．马克思恩格斯选集（第一卷）［M］．北京：人民出版社，2012．

［2］中共中央马克思恩格斯列宁斯大林著作编译局．马克思恩格斯选集（第二卷）［M］．北京：人民出版社，2012．

［3］中共中央马克思恩格斯列宁斯大林著作编译局．马克思恩格斯文集（第一卷）［M］．北京：人民出版社，2007．

［4］卡尔·马克思．资本论［M］．何小禾，编译．重庆：重庆出版社，2013．

［5］列宁全集（第六卷）［M］．北京：人民出版社，1986．

［6］列宁全集（第五十五卷）［M］．北京：人民出版社，1990．

［7］毛泽东．毛泽东论教育（第三版）［M］．北京：人民教育出版社，2008．

［8］中央文献研究室．建国以来毛泽东文稿（第二册）［M］．北京：中央文献出版社，1987．

［9］中央文献研究室．建国以来毛泽东文稿（第七册）［M］．北京：中央文献出版社，1992．

［10］邓小平．邓小平文选（第二卷）［M］．北京：人民出版社，1994．

［11］邓小平．邓小平文选（第三卷）［M］．北京：人民出版社，2001．

［12］江泽民．江泽民文选（第一卷）［M］．北京：人民出版社，2006．

［13］江泽民．江泽民文选（第二卷）［M］．北京：人民出版社，2006．

［14］胡锦涛．胡锦涛文选（第一卷）［M］．北京：人民出版社，2016．

［15］胡锦涛．胡锦涛文选（第三卷）［M］．北京：人民出版社，2016．

［16］习近平．在北京大学师生座谈会上的讲话［M］．北京：人民出版社，2018．

［17］陈云．陈云文选［M］．北京：人民出版社，1984．

［18］中央教育科学研究所．中华人民共和国教育大事记［M］．北京：教

育科学出版社，1984.

［19］《中国教育年鉴》编辑部．中国教育年鉴（1949—1981）［M］．北京：中国大百科全书出版社，1984.

［20］顾翔．大学生管理［M］．上海：上海师范大学出版社，1988.

［21］中央教育科学研究所．老解放区教育资料（三）：解放战争时期［M］．北京：教育科学出版社，1991.

［22］刘一凡．中国当代高等教育史略［M］．武汉：华中理工大学出版社，1991.

［23］谈松华．中国高等学校思想政治教育史纲［M］．北京：高等教育出版社，1992.

［24］龚海泉．高等学校思想政治教育史［M］．武汉：武汉出版社，1992.

［25］人民教育出版社．毛泽东同志论教育工作［M］．北京：人民教育出版社，1992.

［26］李才栋．中国教育管理制度史［M］．南昌：江西教育出版社，1996.

［27］冷溶，汪作玲．邓小平年谱（一九七五——一九九七）（上）［M］．北京：中央文献出版社，2004.

［28］中共中央文献研究室．十六大以来重要文献选编（中）［M］．北京：中央文献出版社，2006.

［29］张耀灿．中国共产党思想政治工作史论［M］．北京：高等教育出版社，1999.

［30］张耀灿，郑永廷，吴潜涛，等．现代思想政治教育学［M］．北京：人民出版社，2006.

［31］徐文良．难忘的历程：高等学校思想政治教育回顾与思考［M］．长春：吉林人民出版社，2008.

［32］王树荫，王炎．新中国思想政治教育史纲（1949—2009）［M］．北京：人民出版社，2010.

［33］冯刚，等．辅导员队伍专业化建设理论与实务［M］．北京：中国人民大学出版社，2009.

［34］范先佐．教育经济学新编［M］．北京：人民教育出版社，2010.

［35］张再兴，等．高校辅导员队伍建设理论与实践［M］．北京：人民出版社，2010.

［36］朱正昌．高校辅导员队伍建设研究［M］．北京：人民出版社，2010.

[37] 张书明. 高校辅导员队伍建设［M］. 济南：泰山出版社，2008.

[38] 黄洁. 新时代高校学习型辅导员队伍建设研究［M］. 北京：人民出版社，2019.

[39] 丘进，卢黎歌，等. 机制·创新·长效：高校辅导员队伍建设研究［M］. 西安：西安交通大学出版社，2012.

[40] 马敏，黄晓玫，汪文汉. 华中师范大学校史（1903—2013）［M］. 武汉：华中师范大学出版社，2013.

[41] 翁铁慧. 高校辅导员队伍建设论纲［M］. 北京：人民出版社，2014.

[42] 李祥兴. 延安时期的教育与马克思主义大众化研究［M］. 北京：中共党史出版社，2015.

[43] 加强和改进大学生思想政治教育重要文献选编（1978—2008）［M］. 北京：中国人民大学出版社，2008.

[44] 周良书，等. 中国高校辅导员工作史论［M］. 北京：人民出版社，2016.

[45] 程浩，崔福海，孙宁. 中国高校思想政治教育史论［M］. 北京：社会科学文献出版社，2016.

[46] 叶绍灿. 高校辅导员队伍建设研究［M］. 合肥：合肥工业大学出版社，2016.

[47] 柏杨. 改革开放以来高校辅导员队伍建设研究［M］. 成都：西南交通大学出版社，2018.

[48] 黄洁. 新时代高校学习型辅导员队伍建设研究［M］. 北京：人民出版社，2019.

[49] 王传刚. 新时代高校辅导员队伍建设与能力提升研究：基于胜任素质模型［M］. 北京：中国政法大学出版社，2019.

[50] 渠东玲. 高校辅导员队伍建设与工作发展研究［M］. 沈阳：辽宁大学出版社，2021.

[51] 李琳. 高校思想政治教育与辅导员队伍建设研究［M］. 北京：北京工业大学出版社，2021.

[52] 王焕红. 高校辅导员的工作与专业化发展［M］. 北京：中国财富出版社，2019.

[53] 冯刚，刘宏达. 新时代高校辅导员工作十讲［M］. 北京：北京师范大学出版社，2022.

[54] 陈蕾, 时学梅, 买买提江·依明. 高校辅导员队伍建设与职业化发展 [M]. 延边: 延边大学出版社, 2021.

[55] 张兴雪, 刘怀刚. "互联网+"时代高校辅导员队伍建设系统工程研究 [M]. 北京: 九州出版社, 2021.

[56] 张晶. 高校辅导员工作实践与人才队伍建设研究 [M]. 长春: 吉林出版集团股份有限公司, 2021.

[57] 杨玲. 新时期高校辅导员工作与队伍建设研究 [M]. 沈阳: 万卷出版有限责任公司, 2022.

[58] 杜威. 杜威教育论著选 [M]. 赵祥麟, 王承绪, 编译. 上海: 华东师范大学出版社, 1981.

[59] 王永钦. 教育的春天: 1977年推翻"两个估计"和恢复高考前后 [J]. 党的文献, 1997 (4): 84-87.

[60] 林泰, 彭庆红. 清华大学政治辅导员制度的特色及其发展 [J]. 清华大学学报 (哲学社会科学版), 2003 (6): 85-90.

[61] 邢国忠. 美国高校学生事务管理专业化概况及其启示 [J]. 教育发展研究, 2007 (C2): 94-99.

[62] 王道阳. 我国高校政治辅导员制度的历史演变 [J]. 思想教育研究, 2007 (5): 31-33.

[63] 张耀灿. 30年思想政治教育学科建设史述论 [J]. 学校党建与思想教育 (上半月), 2008 (12): 9-14.

[64] 夏晓虹. 从英国导师制看我国高校辅导员队伍建设 [J]. 思想教育研究, 2008 (1): 46-49.

[65] 张立兴. 高校辅导员制度的沿革进程考察 [J]. 思想理论教育导刊, 2009 (4): 117-121.

[66] 孔潭. 借鉴国外经验加强我国高校辅导员制度建设 [J]. 思想教育研究, 2009 (A2): 163-165.

[67] 罗洪铁. 思想政治教育自然环境研究的再思考 [J]. 思想教育研究, 2010 (8): 28-32.

[68] 詹明鹏. 高校辅导员工作规范化及其实现路径 [J]. 中国电力教育, 2011 (25): 52-53.

[69] 白永生, 邱杰, 张瑞. 高校辅导员队伍建设的基本规律探析 [J]. 中国电力教育, 2011 (2): 43.

[70] 王树荫. 论中国共产党 90 年思想政治教育的基本经验 [J]. 思想理论教育导刊, 2011（8）: 11-20.

[71] 钟桂安. 研究生思想政治教育 SWOT 分析与对策研究 [J]. 山西高等学校社会科学学报, 2013（8）: 84-87.

[72] 冯刚. 加强思想政治教育学科建设 努力推进思想政治教育实践创新 [J]. 思想教育研究, 2013（11）: 3-7.

[73] 周敏. 美国学生事务管理队伍及对我国高校学习型辅导员队伍建设的启示 [J]. 教育与职业, 2013（29）: 77-78.

[74] 陈萌, 姚小玲. 新时期高校思想政治理论课教师队伍建设的问题与对策研究 [J]. 思想教育研究, 2014（12）: 84-87.

[75] 徐娟. 中国高职院校专职辅导员队伍建设探析：基于美国高校辅导员建设的经验 [J]. 贵州师范学院学报, 2014（3）: 75-78.

[76] 陈翠荣, 储祖旺, 胡成玉. 我国高校辅导员制度的变迁与展望 [J]. 学校党建与思想教育, 2014（8）: 83-86.

[77] 房玲. 近三十多年来高校辅导员队伍建设研究概况 [J]. 江苏高教, 2014（5）: 44-46.

[78] 贺治方. "德才兼备、以德为先" 干部标准的历史流变与发展 [J]. 湖湘论坛, 2015（5）: 56-59, 98.

[79] 何天雄. 民办高校辅导员队伍建设的对策研究：基于民办高校与公办高校比较的视角 [J]. 黑龙江高教研究, 2016（4）: 64-67.

[80] 董淑琴. 对 "十三五" 时期加强高校辅导员队伍建设的思考 [J]. 学校党建与思想教育, 2016（7）: 73-75.

[81] 张瑞. 十年来推进高校辅导员队伍建设的成就检视 [J]. 学校党建与思想教育, 2016（5）: 55-57.

[82] 武彦斌, 刘世勇, 尚建嘎. 优化辅导体验：辅导员职业能力提升的有效路径 [J]. 黑龙江高教研究, 2016（12）: 79-82.

[83] 胡春兰, 徐平. 我国教师教育实践教学协同问题及对策 [J]. 科教导刊, 2017（11）: 56-57.

[84] 刘宏达. 中国特色高校辅导员制度建设的多维路径 [J]. 思想理论教育, 2017（11）: 87-93.

[85] 叶绍灿, 李永山, 董茜. 改革开放以来高校辅导员队伍建设的经验与启示 [J]. 江淮论坛, 2017（6）: 122-126.

［86］肖慧. 高校辅导员队伍建设问题与对策研究［J］. 教育评论，2017（7）：129-132.

［87］申怡，夏建国. 论我国高等教育的"不平衡不充分"及其破解路径［J］. 中国高等教育，2018（1）：10-12.

［88］费萍. 改革开放40年高校辅导员职业能力培养的历史回溯与现实启示［J］. 湖北社会科学，2018（6）：173-179.

［89］余钦. 舒尔茨人力资本理论对高校辅导员职业能力建设的启示［J］. 学校党建与思想教育，2018（6）：84-85，88.

［90］焦佳. 新时代高校辅导员队伍专业化发展的路径选择［J］. 思想理论教育，2018（7）：92-96.

［91］杨子强，单文鹏. 新时代高校思想政治理论课教师队伍建设基本问题研究［J］. 思想理论教育导刊，2018（11）：112-116.

［92］李忠军，钟启东. 马克思恩格斯经典文本中关于思想政治教育的核心论断［J］. 马克思主义研究，2018（9）：123-131，164.

［93］毛清芸，陈旭远. 新中国成立70年来我国高校辅导员队伍建设历程探析［J］. 广西社会科学，2019（12）：190-194.

［94］程翔宇，秦弋. 国外高校学生事务管理队伍建设对我国的启示［J］. 教师教育论坛，2019（5）：67-71.

［95］杨威. 论新时代思想政治理论课教师队伍建设的六对关系［J］. 思想理论教育导刊，2019（7）：42-47.

［96］蒋立峰. 新时代高校辅导员队伍专业化专家化路径探索［J］. 思想理论教育，2019（4）：91-94.

［97］王显芳，王鹏云，孔毅. 新时代高校辅导员队伍建设科学化研究［J］. 学校党建与思想教育，2019（7）：72-74.

［98］刘皓. 从生态位理论视域谈高职辅导员职业能力发展［J］. 教育与职业，2019（5）：82-85.

［99］张慧，黄荣怀，李冀红，等. 规划人工智能时代的教育：引领与跨越：解读国际人工智能与教育大会成果文件《北京共识》［J］. 现代远程教育研究，2019（3）：3-11.

［100］陈文婕，余达淮. 提升新时代高校思想政治理论课程质量的三个问题［J］. 江苏高教，2019（7）：110-114.

［101］吴正国，侯勇. 新时代高校思想政治教育制度化建设探究［J］. 思

想教育研究，2019（9）：31-36.

[102] 彭庆红，耿品. 新中国成立 70 年来高校辅导员队伍建设的历史进程、总体趋势与经验启示[J]. 思想理论教育导刊，2019（8）：132-137.

[103] 王海宁. 高校辅导员队伍专业化职业化建设的现实审视与优化路径：基于全国 4000 余名高校辅导员的问卷调查[J]. 思想教育研究，2020（12）：151-155.

[104] 白晓东. "三全育人"理念下辅导员角色定位的嬗变与调适[J]. 思想理论教育，2020（6）：91-95.

[105] 葛腾飞. 近二十年来中国的美国研究[J]. 浙江外国语学院学报，2020（4）：24-33.

[106] 农春仕. 工匠精神融入高校辅导员职业能力提升的路径研究[J]. 江苏高教，2020（10）：115-118.

[107] 李中国. 新时代高校思政课教师队伍建设的使命与机制创新[J]. 临沂大学学报，2020（3）：86-95.

[108] 盛春. 新时代高校辅导员队伍专业化建设路径探析[J]. 江苏高教，2020（12）：118-122.

[109] 周浩波，李岩. 新时代高校辅导员队伍专业化建设体系探究[J]. 学校党建与思想教育，2021（19）：1977-1980.

[110] 冯秀军. 新时代高校思政课教师队伍建设难点及其突破[J]. 国家教育行政学院学报，2021（1）：17-22.

[111] 方兵. 当高校辅导员"遇上"人工智能：机遇、挑战与应对[J]. 南京航空航天大学学报（社会科学版），2021（1）：101-105.

[112] 范赟，王俊. 新时代我国高校辅导员队伍专业化建设内涵再审视：以思想理论教育和价值引领为中心[J]. 思想理论教育，2021（6）：100-105.

[113] 朱志梅，王雨茜. 新时代高校辅导员队伍建设路径探析[J]. 学校党建与思想教育，2022（20）：79-81.

[114] 梅萍，韩静文. 建党百年来高校思政课教师队伍建设的历程、经验与启示[J]. 大学教育科学，2022（4）：54-63.

[115] 赵凌云，胡中波. 数字化：为智能时代教师队伍建设赋能[J]. 教育研究，2022（4）：151-155.

[116] 宋斌. 民办高校党的建设：发展历程、时代使命与内生能力[J]. 浙江树人大学学报（人文社会科学版），2022（4）：9-16.

［117］程建平，张志勇.高质量基础教育教师队伍建设的任务和路径［J］.华夏教师教育，2022（6）：4-7.

［118］赵玉鹏，杨连生.专业社会化：高校辅导员职业发展的新视角［J］.湖北社会科学，2022（6）：148-154.

［119］曹海燕，王汉卿，蒋丽怡."三全育人"视域下高校辅导员核心素养体系培育的现实进路［J］.东南大学学报（哲学社会科学版），2022（A2）：27-30.

［120］管培俊.改革教师评价方式 建设高质量教师队伍［J］.中国高等教育，2022（C2）：22-23.

［121］方楠.高校辅导员自由时间：价值意蕴·现实困境·治理策略［J］.中学政治教学参考，2023（16）：88-92.

［122］任友群.学习贯彻党的二十大精神筑牢高校教师队伍思想之基［J］.中国高教研究，2023（2）：1-6.

［123］陈增照，石雅文，王梦珂.人工智能助推教育变革的现实图景：教师对ChatGPT的应对策略分析［J］.广西师范大学学报（哲学社会科学版），2023（2）：75-85.